Klett Lektürehilfen

Erich Maria Remarque

Im Westen nichts Neues

Für Oberstufe
und Abitur

von Claus Gigl

Klett Lerntraining

Claus Gigl ist Gymnasiallehrer für die Fächer Deutsch und Geschichte und Schulleiter eines bayerischen Gymnasiums. Er ist in der Lehrerausbildung und Lehrerfortbildung tätig. An der Ludwig-Maximilians-Universität München ist er Zweitprüfer für das Fach Deutsch.

Die Textzitate folgen der Ausgabe: Erich Maria Remarque,
Im Westen nichts Neues. Kiepenheuer & Witsch Verlag, Köln 2014.
ISBN 978-3-462-04633-5

Bibliografische Information der Deutschen Nationalbibliothek
Die Deutsche Nationalbibliothek verzeichnet diese Publikation in der Deutschen Nationalbibliografie; detaillierte bibliografische Daten sind im Internet über http://dnb.dnb.de abrufbar.

Auflage 3 2 | 2016 2015
Die letzten Zahlen bezeichnen jeweils die Auflage und das Jahr des Druckes.

Dieses Werk folgt der reformierten Rechtschreibung und Zeichensetzung. Ausnahmen bilden Texte, bei denen künstlerische, philologische oder lizenzrechtliche Gründe einer Änderung entgegenstehen.

www.klett-lerntraining.de
Redaktion: Günter Maier
Umschlagfoto: bpk / Hedda Walther
Satz: DOPPELPUNKT, Stuttgart
Druck: medienhaus Plump GmbH, Rheinbreitbach
Printed in Germany
ISBN 978-3-12-923087-9

9 783129 230879

Inhalt

Inhalt und erste Deutungsansätze

Erich Maria Remarques Roman *Im Westen nichts Neues* gilt als der große Anti-Kriegsroman des frühen 20. Jahrhunderts. Der Roman ist aus der Perspektive des Ich-Erzählers Paul Bäumer verfasst, eines 19-jährigen Mannes, der als Freiwilliger in den Krieg gezogen ist, seine Erlebnisse schildert, seine Kameraden sterben sieht, mit den Befürwortern des Krieges hart abrechnet und in den letzten Kriegstagen selbst den Tod findet.
Paul Bäumer kommt 1916 an die Westfront, wo er das Kriegshandwerk erlernt. Allein auf sich gestellt, aber auch zusammen mit ehemaligen Mitschülern, vor allem aber mit Stanislaus Katczinsky, der für ihn ein Freund wird,

- sieht er Soldaten siegen und seine Freunde sterben,
- lernt er sich an und hinter der Frontlinie zu bewähren,
- erkennt er, dass er für seine Freunde einstehen muss,
- erlebt er erste sexuelle Abenteuer mit einer jungen Französin,
- stellt er einem französischen Soldaten im Nahkampf gegenüber, tötet ihn und wird von Schuldgefühlen geplagt,
- trifft er beim Heimaturlaub auf seine sterbenskranke Mutter sowie oberflächliche Klugschwätzer.

Paul Bäumer beschreibt alles, was er sieht und erlebt, in einer klaren und schnörkellosen Sprache, die oft derb ist, sich aber vom Pathos der Kriegsverherrlicher wohltuend unterscheidet und damit die Sinnhaftigkeit des Krieges in Frage stellt.
Am Ende ereilt aber auch Paul Bäumer das Schicksal seiner Kameraden: Er fällt an einem Tag im Oktober 1918, als der Heeresbericht sich auf den Satz beschränkte, „im Westen sei nichts Neues zu melden".

1. Kapitel

Einführung in die Thematik und Vorstellung der Personen	→ Die überlebenden Soldaten profitieren bei der Essensausgabe vom Tod ihrer Kameraden. → Die Kriegsfreiwilligen Paul Bäumer, Kropp, Müller und Leer werden dem Leser vorgestellt. → Während der Latrinensitzung erkennt der Erzähler einen Verfall der Werte und eine Verrohung der Sitten durch das Kriegsgeschehen. → Seine Sehnsucht nach einer besseren, friedlichen Welt wird deutlich, wenn er die Natur beschreibt. → Der Erzähler erkennt das Versagen der Vätergeneration, die die jungen Menschen nicht richtig über den Krieg informiert hatte. → Die jungen Soldaten denken praktisch, wie das Beispiel Müllers zeigt, der Kemmerichs Stiefel an sich nehmen will, weil dieser sie nicht mehr brauchen wird. → Paul Bäumer und seine Freunde lehnen die Einschätzung ihres Lehrers Kantorek, sie seien die eiserne Jugend, ab.

Ungewöhnliche Ausgangssituation

Das erste Kapitel des Romans führt unmittelbar in die Situation ein: „Wir liegen neun Kilometer hinter der Front." (7) Der Ich-Erzähler Paul Bäumer berichtet, dass die Truppe satt ist, ja sogar doppelte Wurst- und Brotportionen bekommen hat und der Koch gar nicht mehr weiß, wohin mit dem ganzen Essen. Auch die doppelte Portion an Zigaretten, Kautabak und Zigarren, die jedem zufällt, findet Erwähnung und macht das Außergewöhnliche dieser Situation deutlich, verbindet man doch Krieg in der Regel mit Mangel und Entbehrung. Der Ich-Erzähler spricht selbst von einem „Irrtum" (8), den er in der folgenden Rückblende erklärt.

Erste Rückblende: Enorme Verluste der 2. Kompanie an der Front

Zwei Wochen zuvor, als die 150 Mann starke Kompanie an die Front verlegt wurde, erhielt der für die Verpflegung zuständige Unteroffizier für jeden eine normale Portion an Lebensmitteln zugeteilt. Die Einheit geriet aber in feindliches Artilleriefeuer, fast die Hälfte der Soldaten fiel und nur 80 Mann kehrten ins Etappenlager zurück. Diese sahen nun ihre Chance und forderten für sich jeweils die doppelte Ration, wissend, dass sie damit niemandem etwas wegessen. Der für die Essensausgabe zuständige Soldat weigerte sich lange, den Zurückge-

kehrten auch die Ration der Gefallenen auszugeben. Erst als der Kompanieführer bemerkt, dass es Streit gibt, und sich einmischt, knickt der Küchenchef ein – die Autorität, mit der er feststellt: „Und die Portionen werden alle verteilt" (11), wirkt.
In dieser Rückblende werden die Hauptfiguren des Romans vorgestellt: der Ich-Erzähler Paul Bäumer, Albert Kropp, Müller V und Leer, alle 19 Jahre alt und ehemalige Klassenkameraden. Erwähnt werden auch andere Mitglieder der 2. Kompanie: Tjaden, von Beruf Schlosser, Haie Westhus, Torfstecher, Detering, Bauer, sowie der Anführer Stanislaus Katczinsky, Kat genannt und „zäh, schlau, gerissen, vierzig Jahre alt" (9).

Verfall der Werte – Verrohung der Sprache

Weiter berichtet der Ich-Erzähler über das alltägliche Leben hinter der Front. Dem Beispiel der Gemeinschaftslatrine stellt er die für den gleichen Zweck bereitgestellten Holzkästen gegenüber. Die Soldaten rücken sich diese auf dem Feld so zusammen, dass sie neben der Verrichtung ihres Bedürfnisses Skat spielen können. Adjektive wie „bequem", „gemütlich" und „selbstverständlich" (12 f.) verdeutlichen die Wahrnehmung der Soldaten. Dabei reflektiert der Ich-Erzähler sehr wohl das Ungewöhnliche dieser Situation. Er spricht davon, wie er sich anfangs geniert habe, inzwischen aber gelernt hätte, „das bißchen Scham zu überwinden" (13). Obwohl er erkennt, dass das Leben in der Truppe von Unfreiheit bestimmt ist („der Soldat soll eben ständig unter Aufsicht sein", ebd.), redet er sich die Benutzung der Toiletten vor den Augen aller anderen schön: „Ich weiß nicht mehr, weshalb wir früher an diesen Dingen immer scheu vorbeigehen mußten, sie sind ja ebenso natürlich wie Essen und Trinken." (Ebd.) Doch Zweifel daran, das Festgestellte als normal hinzunehmen, sind ihm anzumerken, wenn er weiterüberlegt und zu dem Schluss kommt, dass sich nicht nur die Wertewelt der jungen Männer durch den Krieg verändert hat, sondern auch ihr Wortschatz.

Sehnsucht nach einer friedlichen Welt …

Durch die darauf folgende Darstellung von Vorgängen aus dem Bereich der Natur wird ersichtlich, dass der Ich-Erzähler noch sehr viel sensibler auf die Dinge, die ihn umgeben, reagiert, als er vorgibt. Er spricht von „wunderbar gedankenlose[n] Stunden“, vom „blaue[n] Himmel“, von „Hummeln, die vorübersummen“, vom „leuchtenden, roten Klatschmohn“ (14). Die Sehnsucht nach Idylle, die sich darin ausdrückt, wird auch dadurch deutlich, dass er die Geräusche des Krieges ebenfalls mit Begriffen aus dem Bereich der Natur beschreibt: „Am Horizont hängen [...] die weißen Wölkchen der Flakgeschosse“ bzw. „Nur wie ein sehr fernes Gewitter hören wir das gedämpfte Brummen der Front.“ (Ebd.)

... im Angesicht des Todes

Hinter alldem steht jedoch das beängstigende Treiben an der Front. Die Gedanken der Soldaten kreisen unablässig darum, dass auch in den scheinbar heiteren Stunden beim Skat die Gefahr des Krieges droht: „Das hätte schiefgehen können“, „Leicht hätte es sein können, daß wir heute nicht auf unseren Kästen säßen, es war verdammt nahe daran“ (15). Auch die Verweise auf den Soldaten Kemmerich und den Lehrer Kantorek sind mit dem Tod konnotiert.

Zweite Rückblende: Vaterländische Gefühle führen in den Tod

Die zweite Rückblende führt zurück in die unbeschwerte Vorkriegszeit, als die jungen Männer das Gymnasium besuchten. Kantorek war der Klassenlehrer und hielt „in den Turnstunden so lange Vorträge, bis unsere Klasse unter seiner Führung geschlossen zum Bezirkskommando zog und sich meldete“ (15 f.). In der Rückschau wirft der Ich-Erzähler dem Lehrer vor, von der Realität des Krieges keine Ahnung gehabt zu haben. Er habe die Jungen überredet, sich als Freiwillige zu melden, habe an ihre Gefühle appelliert, sie andernfalls als „feige“ (16) stigmatisiert und aus der Gemeinschaft ausgegrenzt – wie Josef Behm, der sich schließlich hat überreden lassen, dann aber zu den ersten Kriegstoten zählte.

In diesen Zeilen schwingt Kritik der jungen Menschen, die das Unheil erleiden müssen, an der Fehleinschätzung der Elterngeneration mit. Gerade die Älteren hätten die Gefahren, das drohende Unheil erkennen und die Jungen davor bewahren, wenigstens davor warnen müssen, so der Vorwurf, der sich an die Eltern und bezeichnenderweise den Lehrer richtet („Katczinsky behauptet, das käme von der Bildung, sie mache dämlich“, ebd.). Wenn der Ich-Erzähler Kantorek ausdrücklich von einer Schuld am Tod der jungen Soldaten ausnimmt, klingt das angesichts der mitgelieferten Begründung wenig überzeugend: „Es gab ja Tausende von Kantoreks, die alle überzeugt waren, auf eine für sie bequeme Weise das Beste zu tun“ (17). Und tatsächlich kommt der Ich-Erzähler zu der Einsicht, die Vätergeneration hätte ihm und seinen Freunden „Vermittler und Führer zur Welt des Erwachsenseins“ (ebd.) sein müssen, eine Aufgabe, bei der sie versagt habe, was der Ich-Erzähler als „Bankerott“ (ebd.) empfindet. Damit sei auch die Autorität der Alten verloren gegangen, die jungen Soldaten hätten erkannt, dass die Welt anders sei; ihre bisherige Weltanschauung stürzte zusammen.

Remarques Kritik

Der Besuch bei Franz Kemmerich im Feldlazarett führt Paul Bäumer und seine Freunde in die grausame Realität des Krieges zurück: Kemmerich war in feindliches Feuer geraten und schwer verletzt worden. Ein Bein musste ihm amputiert werden, wovon er aber noch nichts weiß. Deshalb sorgt er sich auch um seine Uhr, die ihm gestohlen worden ist, sowie um seine teuren englischen Stiefel aus gelbem Leder. Auf diese hat auch schon Müller ein Auge geworfen, dem klar ist, dass Kemmerich im Sterben liegt und sie nicht mehr brauchen wird. Er befürchtet jedoch, ein Sanitäter, von denen immer einer Tag und Nacht anwesend ist, würde die Stiefel in seinen Besitz bringen. Für die anderen ist es schwierig, Müller davon abzubringen, mit Kemmerich über die Schuhe zu verhandeln, der ja weder wissen darf, wie die Kameraden seinen Zustand einschätzen, noch erfahren soll, dass er beinamputiert ist und deshalb nie wieder Fliegerstiefel brauchen wird. Schließlich überreden die Kameraden einen Sanitäter, indem sie ihn mit Zigaretten bestechen, dem sterbenden Freund Morphium zur Linderung seiner Schmerzen zu verabreichen.

Das Eigentum des sterbenden Kameraden weckt Begehrlichkeiten

Das Kapitel endet mit einem Wutausbruch Kropps, der von Lehrer Kantorek einen Brief erhalten hat, in dem dieser schreibt, seine ehemaligen Schüler „wären die eiserne Jugend“ (22). Das führt bei Leer, Müller und Bäumer dazu, dass sie „ärgerlich“ lachen (ebd.) – ein Lachen der Verzweiflung angesichts der Tatsache, dass es offenbar immer noch Menschen gibt, die den Krieg glorifizieren. Sie hingegen wissen, dass sie ihre Jugend, ihre Unschuld verloren haben. Paul Bäumer zieht daraus den Schluss: „Wir sind alte Leute.“ (Ebd.)

Die verlorene Jugend

2. Kapitel

Militärische Ausbildung statt bürgerlicher Werte	➟ Paul Bäumers Erinnerung an die literarischen Versuche seiner Jugend verdeutlicht, dass die bürgerliche Wertewelt nicht mehr existiert. ➟ Erstes Exerzieren eröffnet den jungen Menschen eine völlig neue Welt, mit der sie vorher nicht in Berührung gekommen sind. ➟ Im Nachhinein rechtfertigt der Erzähler die damals als Schinderei wahrgenommene militärische Ausbildung als überlebenswichtig. ➟ Es wird aber auch deutlich, dass sich die jungen Soldaten trotz ihrer harten Ausbildung die Fähigkeit zum Mitleid mit Schwächeren erhalten haben.

Die bildungsbürgerliche Wertewelt ist zerbrochen

Paul Bäumer vergegenwärtigt sich seine verlorene Jugend. Er erinnert sich daran, dass er sich dichterisch betätigt hat, wie es bei Schülern seines Alters im bildungsbürgerlichen Umfeld des Kaiserreichs üblich war. Er denkt an ein begonnenes Drama, das den Titel „Saul" (23) tragen sollte, und an mehrere Gedichte, die er niedergeschrieben hat. An der Front, wo existenzielle Probleme bewältigt werden müssen, erscheinen Paul nun seine literarischen Versuche „unwirklich" (ebd.).
Ihm ist auch bewusst, dass es seine Generation besonders schwer hat: Sie ist zwar nicht mehr im Kindesalter, steht aber auch noch nicht gefestigt im Leben, wie es die Erwachsenen tun, die nach Kriegsende in ihre Familie und ihren Beruf zurückkehren können. Bäumer nennt sich und seinesgleichen „auf eine sonderbare und schwermütige Weise verroht" (24).
Er äußert sich dann zu Müllers Versuch, an Kemmerichs Stiefel zu kommen. Den Wunsch, diese zu besitzen, hält er nicht für moralisch verwerflich, da Kemmerich mit seinen Stiefeln ja sowieso nichts mehr anfangen kann. Insofern ist es den Umständen – der Kriegssituation – geschuldet, dass Müller an sich selber denkt. Der Absatz endet mit einer Sentenz, einer allgemeingültigen Aussage, die zeigt, wie sehr die jungen Soldaten die Werte des Krieges verinnerlicht haben: „Wir haben den Sinn für andere Zusammenhänge verloren, weil sie künstlich sind. Nur die Tatsachen sind richtig und wichtig für uns", ebd.

Dritte Rückblende: Erinnerungen an die Jugendzeit

Eine weitere Rückblende beleuchtet die Situation der jungen Männer in jenen Tagen, als sie sich freiwillig zum Heeresdienst gemeldet hatten. Der Ich-Erzähler Paul Bäumer betont den jugendlichen Charakter seiner Mitschüler: Sie waren übermütig, nahmen die zukünftigen Ereignisse nicht ernst. Manche rasierten sich zum ersten Mal, als sie zum Heer einrückten, was wiederum ihre Jugend und ihre Unschuld betont. Dazu passt auch ihre Einschätzung des Krieges:

> „Wir hatten keine festen Pläne für die Zukunft, Gedanken an Karriere und Beruf waren bei den wenigsten praktisch bereits so bestimmt, daß sie eine Daseinsform bedeuten konnten; – dafür jedoch steckten wir voll ungewisser Ideen, die dem Leben und auch dem Kriege in unseren Augen einen idealisierten und fast romantischen Charakter verliehen." (25)

Erste Begegnung mit dem Militär

Ein einschneidendes Erlebnis für die jungen Männer war der militärische Drill, den sie oft als unsinnig und entwürdigend empfanden. Dabei prägte sie diese Ausbildung in zehn Wochen mehr „als in zehn Jahren Schulzeit" (ebd.). Der Wertehorizont veränderte sich grundlegend: Ordnung, Unterordnung und Gehorsam – darauf kam es beim Militär an. Bildung, Wissen und Können, auch die soziale Herkunft wurden bedeutungslos.
Eine entscheidende Rolle bei der Ausbildung der jungen Männer um Paul Bäumer kam Unteroffizier Himmelstoß zu. Dieser, im Zivilberuf Briefträger, „galt als der schärfste Schinder des Kasernenhofes" (26). Himmelstoß schikanierte die jungen Soldaten entsprechend; der Ich-Erzähler vermutet, dass es daran lag, dass er ihren „stillen Trotz" (ebd.) spürte. Er schikanierte sie beim Bettenmachen sowie bei den täglichen Arbeiten eines Soldaten: beim Stiefelputzen, beim Schrubben des Fußbodens in der Kaserne, beim Schneeräumen auf dem Kasernenhof usw. Wenn auch die Arbeiten menschenunwürdige Schikanen beinhalteten (wie etwa das Fegen des Kasernenhofs mit einer Handbürste), wollten die jungen Männer sie dennoch vollständig und richtig ausführen – wenn auch nur, um Himmelstoß klarzumachen, dass sie sich seiner Macht nicht unterwerfen würden. Als Bäumer und Kropp bei einer solch unsinnigen Aktion von einem Vorgesetzten beobachtet wurden, musste sich Himmelstoß dafür rechtfertigen. Dies verärgerte

ihn so, dass er die jungen Soldaten in den folgenden Wochen umso mehr schikanierte. Die Himmelstoß-Episode steht deshalb für sinnlose und menschenverachtende Praktiken beim Militär.
Der Ich-Erzähler berichtet aber auch davon, dass sich die Soldaten an Himmelstoß rächten: Sie gossen ihm bei einer passenden Gelegenheit einen Eimer mit Fäkalien, den sie gerade über den Kasernenhof schleppten, über die Beine. Dies brachte Himmelstoß so in Rage, dass er auf dem Kasernenhof völlig außer sich geriet und herumschrie, womit er aber seine tatsächliche Machtlosigkeit offenbarte. Diese zeigte sich dann auch, als die Rekruten ihre Bestrafung durch besondere Langsamkeit in der Ausführung der ihnen auferlegten Übungen unterliefen.

Die Wichtigkeit der militärischen Ausbildung für die jungen Männer

Die folgenden Zeilen des Romans beinhalten eine Reflexion des Ich-Erzählers. Er legt dar, dass die Anfangszeit in der Truppe zwar schwer, aber unbedingt nötig und nützlich gewesen war; dass es ohne diese Ausbildung unmöglich gewesen wäre, die jungen, unerfahrenen Männer im Kampf einzusetzen:

> „Uns ist dabei wohl jeder Kasernenhofschliff zuteil geworden, der möglich war, und oft haben wir vor Wut geheult. Manche von uns sind auch krank dadurch geworden, Wolf ist sogar an Lungenentzündung gestorben. Aber wir wären uns lächerlich vorgekommen, wenn wir klein beigegeben hätten. Wir wurden hart, mißtrauisch, mitleidlos, rachsüchtig, roh, – und das war gut; denn diese Eigenschaften fehlten uns gerade. Hätte man uns ohne diese Ausbildungszeit in den Schützengraben geschickt, dann wären wohl die meisten von uns verrückt geworden. So aber waren wir vorbereitet für das, was uns erwartete." (29)

Ein wichtiges Ergebnis des Kasernenlebens ist für den Ich-Erzähler die Entstehung eines Zusammengehörigkeitsgefühls, die Kameradschaft.

Fähigkeit zum Mitleid trotz harter militärischer Ausbildung

Das Kapitel endet mit dem Besuch Paul Bäumers bei seinem Freund Kemmerich. Diesem ist anzusehen, dass er die Amputation seines Beines nicht überleben wird. Kemmerich weiß um seinen Zustand, Bäumer auch. Trotzdem versucht er ihm Mut zuzusprechen („Du mußt dich nur erst von der Operation erholen", 30). Während der Ich-Erzähler mit tröstenden Worten, die auch für ihn selbst unglaubwürdig klingen, seinem Freund Trost zuzusprechen versucht und ihm scheinbare Perspektiven für die Zukunft aufzeigt, hat Kemmerich längst erkannt, dass es für ihn keine Zukunft geben wird. Er bietet Bäumer deshalb an: „Du kannst meine Schnürschuhe für Müller mitnehmen" (31).

Bäumer, der eigentlich seinen Freund aufmuntern will, jedoch den Tod in seinem Angesicht sieht, hängt mehr und mehr seinen eigenen Gedanken nach. Er erinnert sich an die gemeinsame Schulzeit, an die Gestalt des Freundes, den er als Kind mit schmalen Schultern und schmalen Beinen (vgl. ebd.) wahrnimmt. Er (ver)zweifelt an der Welt, die zulässt, dass Franz Kemmerich mit neunzehneinhalb Jahren sterben muss. Da Paul Bäumer daran nichts ändern kann, bleibt ihm nur noch, dem Sterbenden Trost zu spenden (vgl. 33). Als Kemmerich schließlich zu stöhnen und zu röcheln beginnt, versucht der Ich-Erzähler Hilfe zu holen. Doch als er zusammen mit einem Sanitäter bei Kemmerich eintrifft, ist dieser schon tot. Da Betten für andere Verwundete fehlen, denkt der Sanitäter nur daran, Kemmerich möglichst schnell zu beerdigen – der Tote wird damit nicht als Individuum wahrgenommen, dem eine angemessene Beisetzung zuteilwerden soll. Vielmehr ist jeder Tote nur eine Nummer – er muss entsorgt werden, um für andere Kriegsverletzte Platz zu machen.

3. Kapitel

Die Realität des Krieges und Wunschträume zu seiner Vermeidung	→ Junge Rekruten füllen die Kompanie Paul Bäumers auf. → Katczinsky wird als Organisationstalent charakterisiert, weil er die Truppe zusammenhält. → Die Soldaten denken über Sinn und Unsinn des Krieges nach und machen Vorschläge zu seiner Vermeidung. → Die Himmelstoß-Episode zeigt, dass der Drill in den Kasernen auch reiner Selbstzweck und damit Schikane sein kann.

Junge Rekruten füllen die Kompanie auf

Zu Beginn des dritten Kapitels berichtet der Ich-Erzähler davon, dass neue, junge Rekruten an die Front gekommen sind. Paul Bäumer und seine Kameraden, die sich inzwischen schon als sehr erfahren fühlen, bezeichnen diese als „Kinder" (36) – und übersehen dabei völlig, dass sie selbst kaum ein Jahr älter sind. Katczinsky gelingt es, bei den jungen Ersatzleuten Eindruck zu schinden, indem er einem von ihnen in einer Situation, in der niemand mehr an Nahrungsmittel kommt, Essen ausgibt. Dieses Szene leitet zu einer Charakterisierung Katczinskys über.

Charakterisierung Katczinskys als Organisationstalent

Paul Bäumer berichtet von Katczinsky, er habe „einen sechsten Sinn" (37), wodurch es ihm gelinge, immer wieder das zu organisieren, was gerade gebraucht würde. Als Beispiel erzählt er eine Episode, als der Trupp um Katczinsky in einer leerstehenden Fabrik in einem fast verlassenen Ort Quartier bezieht. Da die Betten naturgemäß hart und kalt sind, macht sich Katczinsky auf, aus einem Pferdestall, dessen Existenz niemand geahnt hatte, Stroh als wärmende Unterlage zu organisieren. Anschließend geht er noch einmal weg, diesmal bringt er zwei Brote und rohes Pferdefleisch mit, das er sogleich fachmännisch zubereitet. Diese Fähigkeit, das Lebensnotwendige organisieren zu können, bringt Katczinsky bei seinen Kameraden so großes Ansehen ein, dass er zum Vorbild wird. Paul Bäumer stellt fest: „Es ist gut, mit ihm befreundet zu sein." (Ebd.)

Nachdenken über Sinn und Unsinn des Krieges

Die Soldaten, die vor den Baracken sitzen, haben Langeweile und sinnieren über ihr Dasein. Dabei kommentieren sie das Tagesgeschehen, etwa dass sie Ehrenbezeigungen üben mussten, weil Tjaden einen Vorgesetzten nur nachlässig gegrüßt hatte. Katczinsky zweifelt am Sinn dieser Strafmaßnahme, wie er sich überhaupt öfter tiefsinnige Gedanken macht. Doch dann lässt er wieder Zoten ab („Jedes Böhnchen gibt ein Tönchen", 41), was dazu führt, dass der Ich-Erzähler ihn mit Hochachtung ein „Frontschwein" (ebd.) nennt. Kropp, in dem Paul Bäumer einen „Denker" (ebd.) sieht, macht sich Gedanken darüber, wie Kriege verhindert werden könnten. Ihm fällt dabei aber auch nichts anderes ein als das, was häufig an Stammtischen diskutiert wird: Die Mächtigen der Welt sollten im Streitfall gegeneinander kämpfen, das Volk nur als Zuschauer bei diesem Zweikampf dabei sein.

Als das Gespräch auf den Drill in der Kaserne kommt, sind sich alle einig, dass dieser überflüssig ist. Zwar können sich die Kameraden jetzt im Nachhinein über das Kasernenleben amüsieren („Wir schwelgen in Erinnerungen", 42), ja sie sehnen sich zurück in die Korporalschaftsstuben („Was würden wir geben, wenn wir zu ihnen zurück könnten!", ebd.). Doch sie wissen auch, dass die Behandlung der Rekruten dort von der Willkür der Vorgesetzten abhängig ist und keinen zivilen Gesetzen folgt. Als die anderen noch mitten im Gespräch sind, stürzt Tjaden hinzu, der aufgeregt stottert, dass ihr Ausbilder Himmelstoß auf dem Weg an die Front sei. Diese Ankündigung leitet zu einem weiteren Rückblick über.

Rückblick: Himmelstoß' Selbsterziehung

Der Ich-Erzähler gibt an dieser Stelle die Episode wieder, wie Himmelstoß Tjaden das Bettnässen abgewöhnen wollte, indem er einen anderen Bettnässer zu ihm ins Zimmer einquartierte. Da dort Stockbetten standen, war die logische Folge, dass der oben Liegende den unteren einnässte – Himmelstoß nannte dieses menschenverachtende Arrangement „Selbsterziehung" (45).

Am letzten Tag des Kasernenaufenthalts, also unmittelbar vor der Abfahrt an die Front, beschlossen Tjaden, Kropp und Bäumer sich an ihrem Ausbilder zu rächen. Sie passten den angetrunkenen Himmelstoß auf dem Weg von der Kneipe in die Kaserne ab, warfen ihm ein Betttuch über, so dass er sie weder sehen noch sich wehren konnte, und verprügelten ihn.

4. Kapitel

Darstellung der Kriegsgräuel	➟ Ist die Stimmung der Soldaten anfangs noch ausgelassen, steigt die Anspannung umso mehr, je näher die Kämpfe kommen. ➟ Die Soldaten nehmen die Anspannung und Angst sogar körperlich wahr. ➟ Dabei hilft es auch nicht, die Gräuel des Krieges in eine poetische Sprache zu kleiden. ➟ Das Grauen des Krieges steigert sich schließlich wiederholt: Zuerst ist ein unerfahrener Rekrut betroffen, dann unschuldige Pferde, schließlich Paul Bäumer und seine Kameraden durch den Angriff auf den „Jägerfriedhof".

An die Front!

Zu Beginn des vierten Kapitels führt der Erzähler den Leser direkt in die Kriegshandlung ein: Die Kompanie wird mit Lastwagen in Richtung Front gekarrt, um dort Schützengräben anzulegen. Die Stimmung, die dabei herrscht, wird durch Beschreibungen der Szenerie veranschaulicht: Es ist dunkel, es darf kein Licht gemacht werden, die Dämmerung wird als schützendes Tuch geschildert, die Soldaten stehen dicht aneinandergedrängt auf dem Lkw, die Fahrt ist holprig, da sie über schlechte Straßen führt. Witze, die man mit den nebenherfahrenden Soldaten auf den Munitionswagen macht, lockern die Stimmung auf. Unterwegs ist Gänsegeschnatter zu hören, was Katczinsky aber schon bemerkt hat und wohl bei nächster Gelegenheit nützen wird, um Essen für sich und seine Männer zu requirieren.

Die Anspannung steigt

An der Front angekommen, bemerkt Paul Bäumer die Geschützstände mit den Kanonen, die, um nicht von der gegnerischen Luftaufklärung erkannt zu werden, als Büsche getarnt wurden. Als dann auch noch der Rauch der Geschütze und der Qualm des Pulvers zu sehen und zu riechen sind, steigt die Anspannung unter den Soldaten, auch wenn der Ich-Erzähler beschwichtigt: „Es ist das noch keine Angst. Wer so oft nach vorn gefahren ist wie wir, der wird dickfellig" (50). Als dann die englischen Truppen („Tommys", ebd.) auch noch eine Stunde früher als erwartet den Angriff beginnen, sind die Leute um Paul Bäumer aufs Äußerste angespannt. Wieder ist es Katczinsky, der als erfahrener Soldat einen Kommentar zur Lage abgibt, dabei aber nicht beschwichtigt, sondern heftige Kämpfe vorhersagt: „Es gibt Kattun, sag ich euch, ich spür es in den Knochen.“ (51)

Der Erzähler berichtet davon, wie ihnen der gegnerische Angriff den Soldaten zusetzt, was bis zu körperlichen Veränderungen reicht:

Das Kriegsgeschehen als körperliche Erfahrung

> „Unsere Gesichter sind nicht blasser und nicht röter als sonst; sie sind auch nicht gespannter oder schlaffer, und doch sind sie anders. Wir fühlen, daß in unserm Blut ein Kontakt angeknipst ist. Das sind keine Redensarten; es ist Tatsache. Die Front ist es, das Bewußtsein der Front, das diesen Kontakt auslöst. Im Augenblick, wo die ersten Granaten pfeifen, wo die Luft unter den Abschüssen zerreißt, ist plötzlich in unsern Adern, unsern Händen, unsern Augen ein geducktes Warten, ein Lauern, ein stärkeres Wachsein, eine sonderbare Geschmeidigkeit der Sinne. Der Körper ist mit einem Schlage in voller Bereitschaft.“ (Ebd.)

Im weiteren Verlauf des Kapitels reflektiert der Erzähler über das Thema Erde. Er kommt zu dem Schluss, dass die Erde für die Soldaten sehr wichtig sei („dann ist sie sein einziger Freund, sein Bruder, seine Mutter“, 52). Sie ist ein Schutzraum, den der Erzähler direkt anspricht, dem er wie einem Lebewesen für die gebotene Unterstützung dankt. Dabei wird jedoch völlig ausgeblendet, dass die Erde auch die letzte Ruhestätte der gefallenen Soldaten darstellt. Die Betrachtung zum Thema Erde leitet unmittelbar zur Fahrt an die Front über, wo die Soldaten um Paul Bäumer die Nacht verbringen, ehe sie „vor dem Hellwerden“ (53) wieder abgeholt werden.

Im weiteren Verlauf wird der Weg an die Front beschrieben. Dabei bedient sich der Erzähler zur Schilderung des Kriegsgeschehens oft stilisierter Bilder, die aus dem 19. Jahrhundert überliefert sind:

Eine poetische Sprache soll das Grauen erträglicher machen

> „Die Pferde haben glänzende Rücken im Mondschein, ihre Bewegungen sind schön, sie werfen die Köpfe, man sieht die Augen blitzen. Die Geschütze und Wagen gleiten vor dem verschwimmenden Hintergrund der Mondlandschaft vorüber, die Reiter mit ihren Stahlhelmen sehen aus wie Ritter einer vergangenen Zeit, es ist irgendwie schön und ergreifend.“ (54)

Diese Bilder und Vergleiche zeigen ein Grundmuster: Technische Details werden oft als Elemente aus dem Bereich der Natur dargestellt, was ihnen die unmittelbar erschreckende Wirkung nimmt. Geschosse und die Geräusche, die sie verursachen, werden mit dem „röhrenden, heiseren, entfernten Ruf, wie Hirsche in der Brunft“ (55 f.) ihn von sich geben, verglichen. Flugzeuge, die man entfernt am Himmel erkennen kann, werden als „schwarzes Insekt“ (56) wahrgenommen und mit den Attributen eines Lebewesens ausgestattet: „Er [der Flieger] wird unsicher, geblendet und taumelt.“ (Ebd.)

Die Kriegsangst des unerfahrenen Rekruten

Dann setzt der Beschuss ein. Ein junger Rekrut sucht Schutz bei Paul Bäumer. In einer kurzen Anekdote wird erzählt, wie Bäumer diesen Jungen zu schützen versucht, indem er ihm den Helm auf den am höchsten aufragenden Körperteil, seinen Hintern, setzt und durch eine Umarmung Halt gibt. Als der junge Rekrut am Ende bemerkt, wie er sich verhalten hat, zeigt er sich beschämt, vor allem auch, weil er unter „Kanonenfieber“ (58) litt, sich also in die Hose gemacht hat.

Das Leiden der Pferde

Die Schrecken des Krieges werden in der nächsten Episode ganz deutlich: Der Erzähler und seine Freunde hören tödlich verwundete Pferde schreien. Bauer Detering kann das fast nicht aushalten und ist schon im Begriff, einem Pferd den Gnadenschuss zu geben, als Katczinsky ihn zurückhält, da er dadurch Menschen gefährden könnte, die gerade dabei sind, Verwundete zu bergen. Als die Rettungsaktion vorbei ist und die Pferde tot sind, bringt Detering auf den Punkt, was möglicherweise auch schon der Leser gedacht hat: „Das sage ich euch, es ist die allergrößte Gemeinheit, daß Tiere im Krieg sind.“ (60)

Angriff mit Giftgas auf dem sog. „Jägerfriedhof“

Bei erneuten Kampfhandlungen wird der Erzähler von einem Granatsplitter am Helm getroffen und hat Angst das Bewusstsein zu verlieren, wodurch er dem feindlichen Angriff völlig schutzlos ausgeliefert wäre. Er versucht deshalb zu seinem Schutz einen von einer anderen Granate geschlagenen Trichter auf einem Friedhof zu erreichen, da ihm sein im Krieg erworbenes Wissen sagt, dass „Granaten […] nicht leicht in denselben Trichter“ (62) treffen. Doch da wird er schon von Katczinsky vor den herannahenden Giftgaswolken gewarnt, die er

selbst noch gar nicht bemerkt hat, und zieht sich die Gasmaske über. Zusammen mit Katczinsky und Kropp wartet der Erzähler im Trichter ab, bis der Angriff vorüber ist und sich die Gaswolke verzogen hat. Einem namenlosen Soldaten, der von einem umherfliegenden Sarg getroffen und am Arm verwundet worden ist, helfen die drei und schienen den verletzten Arm.
Als die Männer nach dem Angriff den Friedhof verlassen, versorgen sie unterwegs noch einen jungen Rekruten, der nicht so glimpflich davongekommen ist wie sie selbst. Katczinsky überlegt angesichts seiner Qualen, ob es nicht humaner wäre, den Jungen zu erschießen. Da sich aber andere Soldaten nähern, die diese Tat nicht als Gnadenakt, sondern als Mord werten würden, lässt Katczinsky davon ab. Anschließend geht es zurück zum Quartier.

5. Kapitel

Sehnsucht nach Frieden

- Die Soldaten hängen ihren Phantasien nach, die um die Zeit nach dem Krieg kreisen.
- Als ihr Ausbilder Himmelstoß ins Lager kommt, signalisieren sie unmissverständlich, dass sie ihm nicht gehorchen würden – dazu müsse er sich erst im Krieg bewähren.
- Sie spielen dann Situationen aus dem Unterricht nach, die deutlich machen, dass schulische Bildungsinhalte im Krieg niemandem nützen.
- Während die älteren Soldaten klare Vorstellungen von ihrem Leben nach dem Krieg haben, sind die jüngeren noch auf der Suche nach Lebensinhalten und Zukunftsperspektiven.
- Die im Krieg gelebte Kameradschaft hält die Kompanie zusammen und die einzelnen Soldaten bei Laune.

Träume vom Frieden

Während sich die Soldaten im Quartier entlausen, spielen sie die Möglichkeit durch, es wäre Frieden, und überlegen, was sie dann mit ihrem Leben anfangen würden. Dabei zeigt sich, dass diese Möglichkeit zu weit weg ist, um real durchdacht zu werden. Albert meint: „Frieden gibt's nicht“ (71) und auf Nachfrage, was er im Falle von Frieden tun würde: „Mich besaufen“ (ebd.). Katczinsky möchte nach Hause zu seiner Frau und seinem Sohn; Haie Westhus träumt von Sex mit einer drallen Frau,

Tjaden von Rache an Himmelstoß. Detering, als Bauer eng mit seinem Hof und seinen Tieren verbunden, denkt bodenständiger; er liest jeden Tag den Wetterbericht in der Zeitung und hofft, dass seine Frau das Heu rechtzeitig einbringen kann.

Unteroffizier Himmelstoß kommt ins Lager

Während die Männer vom Frieden träumen, kommt Himmelstoß auf sie zu. Es ergibt sich ein Wortwechsel, weil Himmelstoß erwartet, dass ihm die jungen Männer die gebührende Achtung entgegenbringen. Diese wissen zwar, dass er als Unteroffizier in der Hierarchie über ihnen steht, lassen das aber nicht gelten angesichts der Erfahrung, die sie im Krieg und an der Front bereits gesammelt haben. Sie verhöhnen Himmelstoß, Tjaden antwortet ihm sogar mit dem Götz-Zitat und entblößt seinen Hintern. Himmelstoß erkennt, dass es ihm an Autorität fehlt, und so stürmt er mit der Drohung „Sie kommen vors Kriegsgericht!" (76) davon. Tjaden fühlt sich davon jedoch gänzlich unbeeindruckt.

Wertlosigkeit der traditionellen Bildungsinhalte

Müller nimmt das vorherige Gespräch wieder auf und die Männer aus Bäumers Kompanie erinnern sich an ihre Schulzeit. Sie zitieren Lehrersprüche von damals und vergegenwärtigen sich das, was sie in der Schule gelernt haben. Kropp fragt: „Was hältst du eigentlich von der dreifachen Handlung im Wilhelm Tell?" (78), Müller erkundigt sich nach den Zielen des Göttinger Hainbundes, der Ich-Erzähler fragt: „Wieviel Kinder hatte Karl der Kühne?" (ebd.). Es geht den jungen Männern aber nicht um ernsthaftes Erinnern oder einen sentimentalen Rückblick auf ihre Jugendzeit. Sie machen sich vielmehr lustig über das, was sie lernen mussten, weil sie erkennen, dass die traditionellen Bildungsinhalte für sie keinen Wert haben – sie sind im Krieg absolut unbrauchbar:

> „Von dem ganzen Kram wissen wir nicht mehr allzu viel. Er hat uns auch nichts genutzt. Aber niemand hat uns in der Schule beigebracht, wie man bei Regen und Sturm eine Zigarette anzündet, wie man ein Feuer aus nassem Holz machen kann – oder daß man ein Bajonett am besten in den Bauch stößt, weil es da nicht festklemmt wie bei den Rippen." (78 f.)

Veränderung der gesamten Wertewelt

Im weiteren Verlauf des Gesprächs zeigt sich, dass auf viele Soldaten eine ungewisse Zukunft nach dem Krieg wartet. Zwar haben Katczinsky, Detering und Haie West-

hus ebenso ihre Berufe wie auch Unteroffizier Himmelstoß, in die sie zurückkehren können; bei Müller, Kropp und Paul Bäumer verhält es sich aber anders – sie wissen nicht, was sie nach Ende des Krieges anfangen sollen, weil sie bisher nur die Schule besucht haben. Der Erzähler zweifelt auch daran, dass es der jungen Generation nach all den schrecklichen Erfahrungen, die sie im Krieg gemacht hat, überhaupt gelingt, sich in einem bürgerlichen Leben zurechtzufinden. Kropp meint: „Zwei Jahre Schießen und Handgranaten – das kann man doch nicht ausziehen wie einen Strumpf nachher" (80) und bringt es danach auf den Punkt: „Der Krieg hat uns für alles verdorben." (Ebd.)
Das abschließende Resümee des Ich-Erzählers fasst diese Gedanken noch einmal zusammen, wenn er von seiner Generation spricht und feststellt, sie seien nicht mehr jung und sähen nicht mehr optimistisch in die Zukunft, sie seien nur noch auf der Flucht (vgl. 81).

Fortsetzung der Himmelstoß-Episode

Die Erzählhandlung schwenkt wieder zur Himmelstoß-Episode. Himmelstoß kommt mit einem Vorgesetzten zu den jungen Männern, um Tjaden zu finden, den er für seine aufmüpfige Haltung zur Rechenschaft ziehen will. Tjaden hat sich jedoch davongemacht und seine Kameraden geben seinen Aufenthaltsort nicht preis, so dass Himmelstoß und der Feldwebel unverrichteter Dinge abziehen müssen.
Als kurz darauf Himmelstoß noch einmal allein zurückkommt, legt sich Kropp mit ihm an. Dies führt zu einer Vernehmung durch Leutnant Bertinck am Abend, bei der Paul Bäumer die Bettnässer-Geschichte bekannt macht. Diese wirft auf den Ausbilder Himmelstoß ein schlechtes Licht und die Strafe für die ungehorsamen Rekruten fällt deshalb milde aus. Zudem wird deutlich, dass der Leutnant – jenseits aller Klischees vom Militär – ein umsichtiger Mensch mit Augenmaß ist.

Kameradschaft im Krieg

Noch einmal folgt ein Szenenwechsel: Katczinsky und der Ich-Erzähler beschließen, eine Gans, die sie vorher schon schnattern hörten, zu stehlen. Während Katczinsky Schmiere steht, geht Bäumer in den Stall, wo er nicht nur eine Gans vorfindet, sondern zwei. Das macht die Sache schwierig, weil bei einem Diebstahl eine Gans immer schnattern und damit der Diebstahl entdeckt werden würde. Bäumer beschließt also, beide Gänse zugleich zu überwältigen, was ihm aber nicht gelingt und den Wachhund aufmerksam werden lässt. Erst nachdem er diesen kurzzeitig außer Gefecht gesetzt hat, gelingt dem Erzähler mit einer Gans die Flucht zu Katczinsky. Außer Sichtweite braten die beiden dann die Gans in stimmungsvoller Umgebung in einem kleinen Schuppen, während draußen schon wieder das Artilleriefeuer zu hören ist.

In dieser Szene zeigt sich auch die Kameradschaft im Krieg: Sowohl Katczinsky als auch Bäumer sind nicht nur gierig auf den besonderen Braten aus („Wir sind Brüder und schieben uns gegenseitig die besten Stücke zu", 89), sie denken auch an ihre Kameraden und bringen Kropp und Tjaden ein Stück vom Gänsebraten mit.

6. Kapitel

Trommelfeuer	
	➟ Weil der Feind aufrüstet, muss Paul Bäumers Kompanie wieder an die Front. ➟ Fatalistisch ergibt sich der Ich-Erzähler in sein Schicksal. ➟ Ratten überleben da, wo für die Menschen die Ressourcen knapp werden. ➟ Im Angesicht des Todes erinnern sich die Soldaten an ihre Kindheit. ➟ Der Krieg zeigt schreckliche Auswirkungen: Tote können nicht beerdigt werden, die heftigen Gefechte demoralisieren die Mannschaft, die Soldaten können sich kaum schützen, weil sie zu wenig über die Gefahren des Giftgases wissen. ➟ Am Ende zeigt sich, dass sich die Verhältnisse umgekehrt haben: Der ehemalige Ausbilder Himmelstoß ist in der realen Kriegssituation völlig überfordert, Paul Bäumer und seine Freunde bilden nun die neuen Rekruten aus.

Wieder an die Front!

Wieder geht es an die Front, zwei Tage eher als geplant, weil man eine gegnerische Offensive vermutet. Selbst der Ich-Erzähler kann hören, dass „Truppen, Munition, Geschütze" (90) an die Front gebracht werden. Das trägt ebenso zu der gedrückten Stimmung bei wie das schlechte eigene Kriegsmaterial (die deutsche Artillerie beschießt deshalb sogar die eigenen Leute, was zwei Verwundete zur Folge hat) und die für alle sichtbar bereitgestellten Särge, die die Rekruten mit Galgenhumor kommentieren.

Fatalistische Haltung der Soldaten

Paul Bäumer zeigt an einem Beispiel, dass der Krieg für die Soldaten nicht planbar ist und dass es auch kein planbares sinnvolles Verhalten gibt. Er hält alles, was ihm und seinen Kameraden widerfährt, für Zufall: „Ebenso zufällig, wie ich getroffen werde, bleibe ich am Leben" (91 f.).

Rattenplage

Doch nicht nur die Soldaten leiden im Krieg, den Tieren ergeht es nicht besser, wie die nächste Episode zeigt. Der Erzähler berichtet von einer Rattenplage: Ratten kommen in die Unterstände und fressen das Brot an, auf das die Soldaten dringend angewiesen sind. Da sich die Tiere nicht überlisten lassen, versuchen Bäumer, Detering, Kropp und die anderen so viele wie möglich zu erschlagen, was allerdings auch nichts hilft. Er berichtet weiter, dass die Ratten in anderen Frontabschnitten sogar schon Hunde und Katzen totgebissen haben sollen.

Heftige Gefechte demoralisieren die Mannschaft

In Vorbereitung auf den nächsten Sturmangriff erhalten die Soldaten Edamer Käse und Schnaps. Außerdem werden die Munitionsvorräte aufgestockt. Während des tagelangen Wartens ist den Rekruten nicht wohl, sie ahnen, dass schwere Gefechte auf sie zukommen werden. Katczinsky, der erfahrene Soldat, prognostiziert: „Es wird wie an der Somme, da hatten wir nachher sieben Tage und Nächte Trommelfeuer" (95). Er soll Recht behalten: Heftige, lang anhaltende Artillerieangriffe setzen den Soldaten im Unterstand zu, Granaten zerstören ihre Deckung, benachbarte Unterstände werden weggebombt. Die Nerven der Rekruten liegen blank wegen des permanenten Beschusses, einer erleidet einen Schock. Schließlich wird auch noch die Nahrung knapp, doch es gibt kaum Nachschub – nur drei Männern ist der Durchbruch durch die feindlichen Linien gelungen.
Schließlich bekommt einer der Rekruten einen Anfall. Gegen jede Vernunft und militärische Regel will er den Unterstand verlassen und sich draußen völlig schutzlos zeigen. Zu seinem eigenen Schutz verprügeln ihn seine

Kollegen, bis er wieder bei Sinnen ist. Da wird auch dieser Unterstand von feindlichem Geschütz getroffen. Als die Rekruten kurzzeitig annehmen, dass der Angriff vorüber sei, und sich nach draußen begeben, stellen sie fest, dass der Feind noch näher herangerückt ist und sogar schon Maschinengewehre in Stellung gebracht hat. Im Kampf Mann gegen Mann gibt es nun auf beiden Seiten Verwundete und Tote. Der Erzähler stellt dabei klar, dass es sich bei diesem Kampf um ein existenzielles Ereignis handelt:

> „Man hat die schützenden Reservestellungen erreicht, man möchte hindurchkriechen, verschwinden; – und muß sich umdrehen und wieder in das Grauen hinein. Wären wir keine Automaten in diesem Augenblick, wir blieben liegen, erschöpft, willenlos. Aber wir werden wieder mit vorwärts gezogen, willenlos und doch wahnsinnig wild und wütend, wir wollen töten, denn das dort sind unsere Todfeinde jetzt, ihre Gewehre und Granaten sind gegen uns gerichtet, vernichten wir sie nicht, dann vernichten sie uns!" (104 f.)

Wehmütige Erinnerungen an die Kindheit

Nach der Verfolgung französischer Soldaten und der Plünderung ihrer Unterstände kehren die Rekruten in die Etappe zurück, wo sie zur Ruhe kommen sollen. Der Erzähler hängt dabei seinen Gedanken nach und erinnert sich an die Wiesen und Wälder, wo er seine Kindheit verbracht hat. Vor allem erinnert er sich an die Stille jener Orte, die jetzt, wo alles um ihn herum laut ist und dröhnt, für ihn eine besondere Bedeutung haben. Dabei ist ihm klar, dass er an eine Welt zurückdenkt, die längst vergangen ist und auch von ihm nicht mehr so wahrgenommen werden würde, wie es früher der Fall war; er nennt sie „eine andere Welt" (110). Weiter ist ihm klar: „Und selbst wenn man sie uns wiedergäbe, diese Landschaft unserer Jugend, wir würden wenig mehr mit ihr anzufangen wissen" (ebd.). Der Ich-Erzähler fasst seine Jugenderinnerungen desillusioniert zusammen:

> „Wir sind verlassen wie Kinder und erfahren wie alte Leute, wir sind roh und traurig und oberflächlich, – ich glaube, wir sind verloren." (111)

Ruhe zwischen den Kampfhandlungen

Der folgende Abschnitt, in dem der Erzähler seine Stimmung schildert, dient als retardierendes Element zwischen den Kampfszenen. Der Erzähler berichtet dabei von seiner Furcht und der Unruhe, die er in sich trägt, und er weiß, dass all das von der Verzweiflung herrührt, die er erlebt und die nun auch ihn erfasst. Doch er weiß auch, dass das Leben weitergeht und die Kämpfe weitergehen werden – im Unterstand stärkt er sich dafür.

Die Unmenschlichkeit des Krieges: Tote können nicht beerdigt werden

Die Wendung „Die Tage gehen hin …“ (112), mit der der nächste Abschnitt beginnt, steht für die Gleichförmigkeit des Kriegsgeschehens. Am Beispiel eines Verwundeten schildert der Erzähler ein Einzelschicksal: Die Soldaten der 2. Kompanie hören einen Verwundeten um Hilfe schreien, können ihn aber nicht genau orten und somit auch nicht in Sicherheit bringen. Die Schreie werden immer leiser und heiserer, bis sie schließlich überhaupt nicht mehr zu hören sind – der Mann wurde nie gefunden, sein Körper nie geborgen und nie beerdigt. Doch damit ist er nicht allein, auch andere erleiden dieses Schicksal, das die Grausamkeit des Krieges verdeutlicht: „Die Tage sind heiß, und die Toten liegen unbeerdigt. Wir können sie nicht alle holen, wir wissen nicht, wohin wir mit ihnen sollen. Sie werden von den Granaten beerdigt.“ (114)

Erneute Ruhe zwischen den Kampfhandlungen

Nun rücken wieder die Soldaten in den Blick des Erzählers: Er schildert ihre Macken wie etwa das Sammeln von kupfernen Führungsringen der Granaten, die angeblich bei Sammlern sehr begehrt sind, oder von Seidenschirmen der französischen Leuchtkugeln, die als Taschentücher verwendet oder zu Blusen zusammengenäht werden. Es werden Witze gemacht, besonders über die Braut von Haie Westhus und ihre üppige Figur. Und bevor der nächste Angriff kommt, kann der Ich-Erzähler zwei Schmetterlinge beobachten, die in Reichweite umherfliegen. Diese Idylle lässt ihn an die Lerchen denken, die an der Front leben und dort sogar ihre Jungen aufziehen.

Die Unmenschlichkeit des Krieges: Junge Soldaten können sich aus Unkenntnis nicht wirklich schützen

Doch schon wechselt seine Perspektive wieder zur nächsten großen Angriffswelle, die auf ihn zukommt. Als Ersatz für die Gefallenen sind nun viele junge Rekruten im Regiment. Es wird beschrieben, dass sie das Geschehen an der Front noch nicht gut genug kennen würden, um sich richtig zu verhalten. Deshalb werden sie von den älteren Kameraden erst eingewiesen. Trotzdem sind sie überfordert und reagieren im Ernstfall oft falsch, was für sie tödlich endet, etwa wenn sie nach einem Gasangriff die schützenden Gasmasken zu früh abnehmen. Der Ich-Erzähler bezeichnet sie als „gestorbene [...] Kinder" (118) – auch das eine Facette des unmenschlichen Krieges.

Rollenwechsel: Himmelstoß ist hilflos, Paul Bäumer wird Ausbilder

Plötzlich steht der Erzähler seinem ehemaligen Ausbilder Himmelstoß in einem Unterstand gegenüber. Himmelstoß hat Todesangst und weigert sich, hinauszugehen und zu kämpfen. „Er zieht die Beine an, drückt sich an die Wand" (119), bis Bäumer ihn hochzieht und mit Gewalt nach draußen befördert. Erst als ein Vorgesetzter vorbeikommt, wird Himmelstoß seine unwürdige Situation bewusst und er beeilt sich, in den Kampf zu ziehen.
Inzwischen betätigen sich Paul Bäumer und seine Kameraden als Ausbilder für die neu an die Front gekommenen Rekruten. Sie erklären ihnen, welche Waffen der Gegner verwendet, was diese verursachen und wie man sie erkennen kann. Dann weihen sie die Neuen in die Überlebenstechniken an der Front ein. Obwohl diese theoretisch Bescheid wissen, machen sie im entscheidenden Moment doch wieder alles falsch. Doch auch die erfahrenen Soldaten sind in höchster Gefahr. So wird Haie Westhus schwer verwundet – doch damit ist er nicht allein. Als der Kompanieführer seine Männer zusammenruft, stellt sich heraus, dass von den einhundertfünfzig nur noch zweiunddreißig am Leben sind.

7. Kapitel

	Liebesabenteuer und Heimaturlaub
→ Der Feind rüstet auf, Paul Bäumers Kompanie muss wieder an die Front. → Der Erzähler und seine Freunde lassen sich auf ein (verbotenes) Liebesabenteuer mit jungen Französinnen ein. → Während des Heimaturlaubs wird Paul Bäumer von seinen Erinnerungen an die Vorkriegszeit überwältigt. → Bei der Begegnung mit einem Major erkennt er, dass die Gesetze des Militärs auch in der Heimat gelten. Er stellt aber zugleich fest, dass die Zivilisten das Kriegsgeschehen völlig falsch einschätzen. → Der Erzähler erkennt, dass ihn der Krieg verändert und er sich den Idealen seiner Jugendzeit entfremdet hat. → Seinen Kameraden ergeht es ähnlich: Mittelstaedt nützt seine Position aus und schikaniert den ehemaligen Klassenlehrer Kantorek. → Beim Abschied von zu Hause ist Paul Bäumer klar, dass er seine todkranke Mutter niemals wiedersehen wird.	

Wieder an die Front!

Der Erzähler berichtet, wie er im Feld-Rekrutendepot Himmelstoß begegnet. Dieser scheint sich verändert bzw. an den Alltag im Krieg angepasst zu haben. Er schlägt Paul Bäumer und seinen Freunden vor, die Streitigkeiten zu begraben. Bäumer ist damit einverstanden, weil er inzwischen eine gewisse Achtung für Himmelstoß empfindet, der geholfen hat, den schwer verwundeten Haie Westhus zu bergen und nun Tjaden, Bäumer und den anderen einen kurzzeitigen Job in der Küche vermittelt.

Nachdenken über die Kriegsgräuel

Der Erzähler sinniert über die Grauen des Krieges, denen er augenblicklich nicht ausgesetzt ist, und die Reaktionen der Soldaten darauf. Dabei wird deutlich, dass die psychische Belastung enorm ist („Das Grauen läßt sich ertragen, solange man sich einfach duckt; – aber es tötet, wenn man darüber nachdenkt“, 125). Dazu trägt auch bei, dass viele Weggefährten wie Kemmerich, Martens, Meyer usw. tot oder schwer verletzt sind. Das lenkt Bäumers Betrachtungen auf das Thema „Humor“. Während die Kriegszeitungen den „goldenen Humor der Truppen“ (126) loben, kommt er zu einer differenzierteren Einschätzung. Für ihn ist Humor die einzige Möglichkeit ist, die Grauen des Krieges auszuhalten.

Sexuelle Begegnung mit den Französinnen

Auf einem alten Plakat, das einst die Vorstellungen eines Fronttheaters ankündigte, sehen Kropp und Bäumer ein junges Mädchen, das bei ihnen sehnsuchtsvolle Gefühle auslöst. Um selbst bei den Frauen Chancen zu haben, beschließen sie nach längerem Hin und Her, sich entlausen zu lassen und um bessere Kleidung zu bemühen. Tatsächlich kommt es schon bald während des Schwimmens im nahe gelegenen Fluss zu einer Begegnung mit einigen Französinnen. Die deutschen Soldaten und die französischen Mädchen flirten miteinander. Weil sie sich sprachlich nicht verständigen können, verabreden sie sich mit Hilfe von Gesten für den Abend in einem Haus am französischen Ufer, obwohl das Durchqueren des Grenzflusses bis zur anderen Seite den Deutschen nicht erlaubt ist. Abends gelingt es Bäumer, Kropp und Leer tatsächlich nach drüben zu gelangen; als Gastgeschenke haben sie Brote dabei, mit denen sie die Mädchen für sich gewinnen wollen. Dies gelingt ihnen auch: Leer zieht sich mit einem blonden Mädchen zurück, Bäumer mit einer Brünetten. Die deutschen Soldaten genießen das Zusammensein mit den Französinnen. Doch schon am nächsten Abend, als es zu einer Wiederholung kommt und Paul Bäumer seiner Freundin mitteilt, dass er sie künftig nicht mehr treffen könne, weil er Heimaturlaub habe, merkt er, dass sie das Interesse an ihm verliert. Er erkennt schmerzlich die Oberflächlichkeit der Beziehung: Er ist für die Frau nur interessant, solange er ein Soldat, ein „pauvre garçon" („armer Junge", 138) ist.

Paul Bäumer kommt wieder nach Hause

Paul Bäumer wird von Albert und Katczinsky zum Bahnhof begleitet. Von dort geht es mit dem Zug in die Heimat. Die Fahrt dauert lange, was die Wiederholung des Pronomens „manche" andeutet („Ich liege auf manchem Bahnhof; ich stehe vor manchem Suppenkessel; ich hocke auf mancher Holzplanke", ebd.), doch schließlich kommt der Erzähler der Heimat näher und erkennt diese auch aus dem Zug heraus immer deutlicher („Die Namen der Stationen werden zu Begriffen, bei denen mein Herz zittert", 139). Auf dem Weg zu seinem Elternhaus wird er mit seinen Erinnerungen konfrontiert: Er sieht die Bügelfrauen bei der Arbeit, die Hunde, die durch die Straßen trotten, Menschen, die vor der Haustür stehen. Diese ewig gleichen Alltagssituationen erinnern ihn an seine Jugendzeit, an die Zeit vor dem Krieg: „In dieser Konditorei haben wir Eis gegessen und uns im Zigarettenrauchen geübt. In dieser Straße, die an mir vorübergleitet, kenne ich jedes Haus, das Kolonialwarengeschäft, die Drogerie, die Bäckerei.“ (141)

Die Sorge der todkranken Mutter um ihren Sohn

Zu Hause angekommen wird Paul Bäumer von seiner ältesten Schwester begrüßt. Als sie nach der Mutter ruft, ist Paul von Wiedersehensfreude und Rührung so ergriffen, dass er weder weitergehen noch antworten kann. Er erfährt, dass seine Mutter krank und bettlägerig ist, doch als er sie begrüßt, verlässt sie das Bett und kümmert sich um ihren Sohn. Ihr liegt vor allem sein emotionales Wohlergehen am Herzen, weshalb sie auch wissen will, wie es ihm im Krieg ergangen ist. Auch die ihr völlig unbekannten und deshalb unverständlichen Giftgasangriffe machen ihr Angst. Paul wiederum will seine Mutter vor der grauenhaften Realität des Krieges verschonen, wiegelt deshalb ab und greift zu Notlügen. Als Zeichen ihrer Fürsorge und Zuneigung hat die Mutter ein Glas Preiselbeeren aufbewahrt, das sie ihm nun zu Kartoffelpuffern anbietet, schließlich weiß sie, dass das sein Lieblingsessen ist. Paul Bäumer hat gleichfalls an seine Familie gedacht und Lebensmittel mitgebracht, von denen er angenommen hat, sie würden sie brauchen: „einen ganzen Edamer Käse […], zwei Kommißbrote, dreiviertel Pfund Butter, zwei Büchsen Leberwurst, ein Pfund Schmalz und ein Säckchen Reis“ (144). Von seiner Schwester erfährt der Erzähler, dass die Mutter schwer erkrankt ist, vermutlich wieder an Krebs.

Begegnung mit dem Major

Bei einem Behördengang stößt er auf einen Major, der sich von Bäumer nicht angemessen behandelt fühlt. Der Major spielt daraufhin seine ganze militärische Macht aus (er ist der in der Rangordnung höher Stehende) und demütigt Paul Bäumer, indem er ihn ordnungsgemäß grüßen lässt. Das bedeutet für den Erzähler, dass er sechs Meter zurückgehen und grüßen muss, bis er weitere sechs Meter an dem Major vorbeigegangen ist. Die Szene zeigt, dass das Militär eigenen Sitten und Gebräuchen folgt, die mit dem zivilen Leben, aber auch mit dem Leben an der Front – also der eigentlichen Aufgabe der Soldaten – nichts zu tun haben. Das Verhalten des

Majors dient letztlich nur den Egoismen der herrschenden militärischen Klasse und wird durch die Art der Darstellung vom Autor ad absurdum geführt.

Vorkriegsidylle als Kontrast

Dem setzt der Erzähler eine idyllische Situation entgegen:

> „Es ist schön, still irgendwo zu sitzen, zum Beispiel in dem Wirtsgarten gegenüber unter den Kastanien, nahe der Kegelbahn. Die Blätter fallen auf den Tisch und auf die Erde, wenige nur, die ersten. Ich habe ein Glas Bier vor mir stehen, das Trinken hat man beim Militär gelernt. Das Glas ist halb geleert, ich habe also noch einige gute, kühle Schlucke vor mir, und außerdem kann ich ein zweites und ein drittes bestellen, wenn ich will. Es gibt keinen Appell und kein Trommelfeuer, die Kinder des Wirts spielen auf der Kegelbahn, und der Hund legt mir seinen Kopf auf die Knie. Der Himmel ist blau, zwischen dem Laub der Kastanien ragt der grüne Turm der Margaretenkirche auf." (148)

Weiter schreibt er: „Das ist gut, und ich liebe es. Aber mit den Leuten kann ich nicht fertig werden. Die einzige, die nicht fragt, ist meine Mutter. Doch schon mit meinem Vater ist es anders." (Ebd.)

Klischees vom Krieg

Paul Bäumer will aber nicht vom Krieg erzählen, schon gar nicht seinem Vater. Die Erlebnisse sind für ihn so aufrührend, dass er sie nicht preisgeben will. Er flüchtet sich deshalb in die Wiedergabe „einige[r] lustige[r] Sachen" (149), was nur dazu führt, dass ihn sein ehemaliger Deutschlehrer Kantorek mit zu einem Stammtisch nimmt, an dem sich Paul aber völlig fehl am Platz fühlt. Dort werden nämlich entsprechende Reden geschwungen; es ist vom „Franzmann" (ebd.) statt von den Franzosen die Rede. Außerdem diskutieren die Zivilisten über die Annexionen der Truppe: Man träumt in der Heimat von der Vereinnahmung ganz Belgiens, den Kohlegebieten Frankreichs und großen Gebieten Russlands. Die Zivilisten wissen anscheinend genau, wie man es anstellen muss, den Krieg zu gewinnen. Sie analysieren den Kriegsverlauf und geben Paul Bäumer gute Ratschläge: „Nun macht mal ein bißchen vorwärts da draußen mit eurem ewigen Stellungskrieg. Schmeißt die Kerle raus, dann gibt es auch Frieden." (150) Der Ich-Erzähler hat so viel Klugschwätzerei nichts entgegenzusetzen. Er, der die Realität des Krieges kennt, „gieß[t] das dritte Bier“ (151) in sich hinein, obwohl er schon nach dem ersten wieder gehen wollte.

Paul Bäumers Entfremdung von der Heimat …

Paul Bäumer wird immer deutlicher bewusst, dass ihn der Krieg verändert hat, dass es nichts mehr gibt, was ihn mit den Menschen in der Heimat verbindet, ja dass er nicht mehr zu ihnen gehört. Folgerichtig beginnt er diese Reflexionen mit den Worten „Ich habe mir den Urlaub anders vorgestellt“ (ebd.).

… und von den Idealen seiner Jugend

Auch der folgende Abschnitt dient der Reflexion. Paul Bäumer betrachtet in seinem Jugendzimmer die Bilder von damals, die er aus Zeitschriften ausgeschnitten und an die Wand gepinnt hat. Er lässt seinen Blick über das Bücherregal schweifen, erinnert sich daran, wie er „Sämtliche Werke“ (153) der Klassiker gekauft hat, daran, dass ihm aber die moderne Literatur näher lag. Er will sich „hineindenken in die Zeit damals“ (ebd.), erkennt aber, dass die Kriegserlebnisse das unmöglich machen („Ein fürchterliches Gefühl der Fremde steigt plötzlich in mir hoch. Ich kann nicht zurückfinden, ich bin ausgeschlossen“, 155).

Schikane Kantoreks durch seinen ehemaligen Schüler Mittelstaedt

Paul Bäumer geht deshalb zu Mittelstaedt in die Kaserne, wo er sich inzwischen schon mehr zu Hause fühlt als in der Wohnung, in der er aufgewachsen ist. An dieser Stelle schildert er wieder eine witzige Episode: Mittelstaedts und Bäumers ehemaliger Französischlehrer Kantorek ist inzwischen ebenfalls eingezogen worden und dient in Mittelstaedts Kompanie. Da er den ehemaligen Schüler einmal das Schuljahr nicht hatte bestehen lassen, so dass dieser es wiederholen musste, ist es für Mittelstaedt nun eine große Genugtuung, seinem damaligen Lehrer Befehle erteilen zu können. Dies beginnt mit dem ersten Wiedersehen der beiden und der Begrüßung, bei der Mittelstaedt seinen höheren militärischen Dienstgrad ausspielt und Kantorek zur Ordnung ruft. Auch in der Kleiderkammer spielt er seine Überlegenheit aus und verpasst Kantorek eine Uniform, die deshalb lächerlich wirkt, weil die einzelnen Stücke entweder viel zu groß oder viel zu klein sind. Mittelstaedt schikaniert seinen ehemaligen Lehrer auch bei den militärischen Übungen:

Zwar ernennt er ihn beim „Schwärmen" (158) zum Gruppenführer; doch was auf den ersten Blick wie eine Auszeichnung wirkt, erweist sich als Möglichkeit zur Schikane: Der Gruppenführer muss nämlich immer seiner Gruppe vorangehen und hat deshalb bei einer Kehrtwende der Gruppe immer den weitesten Weg zurückzulegen. Dies nützt Mittelstaedt aus und lässt die Gruppe in kurzen Abständen die Richtung wechseln, was Kantorek an den Rand seiner Leistungsfähigkeit bringt. Die Art und Weise, wie Mittelstaedt Kantorek behandelt, geht mit der Sichtweise der Soldaten auf den Lehrer einher: Bäumer spricht in einem inneren Monolog von Kantorek im Neutrum („Und vor so was hat man früher eine Heidenangst gehabt, wenn es auf dem Katheder thronte", 158), so als wäre dieser kein menschliches Wesen.

Besuch bei Kemmerichs Mutter

Bevor Paul Bäumer wieder an die Front muss, sucht er die Mutter seines Kameraden Kemmerich auf, um ihr vom Tod des Sohnes zu berichten. Um die Frau zu schonen, lügt Bäumer sie an. Er sagt nichts von der Amputation des Beins, nichts vom langwierigen Sterben seines Kameraden. Er behauptet, Franz Kemmerich habe einen Schuss ins Herz bekommen und sei sofort gestorben. Die Mutter glaubt das nicht, lässt Paul Bäumer schließlich schwören, die Wahrheit gesagt zu haben. Dieser schwört ohne Gewissensbisse, was zeigt, dass ihm die Werte seiner Jugend nicht mehr wichtig sind. Aber er kann auch Kemmerichs Mutter nicht verstehen, die auf die Wahrheit drängt: „Sie soll sich doch zufrieden geben, Kemmerich bleibt tot, ob sie es weiß oder nicht." (162)

Abschied von zu Hause

Der letzte Abend zu Hause führt dazu, dass sich der Erzähler und seine Mutter noch einmal ganz nahekommen. Als sich die Mutter ans Bett von Paul Bäumer setzt, will dieser nicht mit ihr sprechen und stellt sich schlafend. Als die Mutter aber nicht ins Bett geht und nach Mitternacht immer noch neben ihm ausharrt, tut er, als würde er erwachen. Es kommt dann doch zu einem Gespräch, in dem die Ängste und Sorgen der Mutter deutlich werden: Sie warnt ihn vor den französischen Frauen und rät ihm „dort im Felde" (164) vorsichtig zu sein und nach Möglichkeit einen Posten in der Küche anzunehmen. Der Erzähler nimmt die sorgenvollen Äußerungen seiner Mutter mit Rührung auf. Mehrfach verwendet er in seinen Gedanken die Alliteration „Ach, Mutter, Mutter!“ (164 f.), sie nennt ihn „mein Kind“ (165). Am Ende der Szene ist Paul Bäumer verzweifelt. Der Urlaub in der Heimat und das Wiedersehen mit der todkranken Mutter machen ihm bewusst, dass sein Leben durch den Krieg eine unumkehrbare Wendung genommen hat:

> „Ich beiße in meine Kissen, ich krampfe die Fäuste um die Eisenstäbe meines Bettes. Ich hätte nie hierherkommen dürfen. Ich war gleichgültig und oft hoffnungslos draußen; – ich werde es nie mehr so sein können. Ich war ein Soldat, und nun bin ich nichts mehr als Schmerz um mich, um meine Mutter, um alles, was so trostlos und ohne Ende ist. Ich hätte nie auf Urlaub fahren dürfen.“ (166)

8. Kapitel

Im Heidelager

- Im Heidelager hat Paul Bäumer näheren Kontakt zu russischen Kriegsgefangenen, die er dabei als Menschen schätzen lernt.
- Er erkennt, dass der Krieg alle Menschen – diesseits und jenseits der Grenze – deformiert.
- Der Besuch des Vaters und der Schwester im Heidelager fügt sich in die Betrachtungen des Erzählers ein: Ihm ist klargeworden, dass im Krieg der Einzelne nur Spielball höherer Mächte und jeder mit seinem persönlichen Schicksal allein ist.

Faszinierende Natur im Heidelager

Paul Bäumer absolviert einen vierwöchigen Kurs im Heidelager. Er kennt dort niemanden und fühlt sich deshalb auch nicht besonders wohl. Nicht einmal mit den beiden Mädchen, die im Soldatenheim bedienen, kommt es zu einem näheren Kontakt; nur das Klavier, auf dem er ab und zu spielt, lenkt ihn von den täglichen Übungen in der Heide etwas ab. Die ihn umgebende Natur fasziniert den Erzähler („Aber das schönste sind die Wälder mit ihren Birkenrändern. Sie wechseln jeden Augenblick die Farbe“, 167). Er gesteht, über den Naturbetrachtungen beinahe seine militärischen Aufgaben zu vergessen.

Das Elend der russischen Kriegsgefangenen

Dann berichtet er von den russischen Kriegsgefangenen, die im Lager nebenan untergebracht sind. Sie bekommen offenbar noch weniger zu essen als die Soldaten, deren Nahrung schon recht karg ist. Sie durchwühlen deshalb die Abfälle des Soldatenlagers, um essbare Reste zu finden. Wegen der schlechten Versorgungslage leiden sie an der Ruhr, einer bakteriellen Infektionskrankheit des Dickdarms, die bei mangelnder hygienischer Versorgung auftritt und zu schmerzhaftem Stuhlgang, Erbrechen, Koliken mit blutigen Durchfällen und Kreislaufversagen führen kann.
Der Erzähler beobachtet, dass manche seiner Kameraden die Russen schlecht behandeln, was er selbst nicht verstehen kann. Er sieht in ihnen Menschen, wie er selbst einer ist:

> „Sie haben Gesichter, die nachdenklich machen, gute Bauerngesichter, breite Stirnen, breite Nasen, breite Lippen, breite Hände, wolliges Haar. Man müßte sie zum Pflügen und Mähen und Apfelpflücken verwenden. Sie sehen noch gutmütiger aus als unsere Bauern in Friesland." (169)

Einen Bruch in der wohlwollenden Darstellung muss man feststellen, wenn der Ich-Erzähler die Abwehrhaltung seiner Kameraden verallgemeinert und damit quasi rechtfertigt: „Mitunter, wenn sie sehr elend sind allerdings, gerät man darüber in Wut und versetzt ihnen dann einen Tritt." (170) Sein Verhalten ist jedoch indifferent; schließlich teilt der Erzähler mit den Russen seine Zigaretten.

Reflexion des Erzählers über die Rolle der Menschen im Krieg

Anschließend reflektiert er die Rolle des Einzelnen im Krieg. Am Beispiel der russischen Kriegsgefangenen hat er erkannt, dass der Krieg alle Menschen deformiert – diesseits und jenseits der Front. Er weiß, dass sie aufgrund eines Befehls Feinde geworden sind, und bedauert, dass sie nicht wieder auf Befehl Freunde sein können. Diese nachdenkliche Szene zeigt die Unmenschlichkeit aus einer neuen Perspektive: Der Mensch ist nur Spielball politischer Mächte.

Charakterisierung von Mutter und Vater Bäumer als „kleine Leute"

Am Ende seines Heideaufenthalts bekommt Paul Bäumer Besuch von seinem Vater und seiner ältesten Schwester. Sie berichten vom Zustand der Mutter und dass nun die Diagnose Krebs feststeht. Das Gespräch über den Krankenhausaufenthalt charakterisiert die Mutter als selbstlose Person, die ihrer Familie möglichst wenig Kosten aufbürden will. Es zeigt auch, dass der Vater ein fleißiger und bescheidener Mann ist, dem das Wohlergehen seiner Frau, aber auch das der übrigen Familienmitglieder am Herzen liegt. Das Handeln der Mutter wie auch des Vaters, der Überstunden macht, um seine Familie durchzubringen, sind bestimmt von der Fürsorge für die übrigen Familienmitglieder. Dies und ihre Scham, mit den Ärzten im Krankenhaus über die Kosten der anstehenden Krebsoperation zu sprechen, kennzeichnet sie als typische Vertreter des Kleinbürgertums.

Paul Bäumers Andenken an seine Mutter

Als der Erzähler abends die Kartoffelpuffer mit der Marmelade essen will, die sein Vater ihm von zu Hause mitgebracht hat, verspürt er keinen rechten Appetit darauf. Zuerst beschließt er, alles den Russen zu überlassen. Als er dann aber daran denkt, dass seine Mutter die Speisen zubereitet hat, weil sie sein Lieblingsessen sind, behält er das meiste für sich und gibt den russischen Gefangenen nur einen Teil davon ab.

9. Kapitel

Wieder an der Front

- Nach seinem Aufenthalt im Heidelager muss Paul Bäumer wieder an die Front zurück, wo er sich inzwischen sicher und heimisch fühlt.
- Mit seinen Kameraden diskutiert er angesichts des Kaiserbesuchs wieder über den Sinn des Krieges.
- Die ursprüngliche Hoffnung, nach Russland verlegt zu werden, wo keine Kampfhandlungen mehr stattfinden, zerschlägt sich.
- Stattdessen kommt an der Westfront auf Paul Bäumer eine besondere Herausforderung zu: Er tötet aus Furcht einen französischen Soldaten, der in sein Versteck gefallen ist, macht sich aber bittere Vorwürfe wegen seiner Tat.

Paul Bäumers Rückkehr zu seiner Einheit

Zurück an der Front muss Paul Bäumer einige Tage auf seine alten Kameraden warten. Sie sind zu einer „fliegenden Division“ (177) geworden, die überall eingesetzt werden kann. Als dann alle wieder von ihrem Einsatz zurück sind, befällt Paul das schlechte Gewissen, weil er nicht mit ihnen gekämpft hat. Als Entschädigung teilt er die mitgebrachten Kartoffelpuffer mit Katczinsky und Kropp. Als dann Katczinsky die Kartoffelpuffer als von der Mutter hausgemacht erkennt und lobt, fühlt sich der Erzähler beim Militär so gut angenommen, dass er feststellt: „Hier gehöre ich hin." (178) Seine Kameraden erzählen ihm, dass sie nach Russland verlegt werden würden, wo der Krieg bereits zu Ende sei.

Diskussion der Soldaten über den Nutzen des Krieges

Als sich die Soldaten sauber herausputzen sollen, gehen die Gerüchte um, es gäbe Frieden oder sie würden tatsächlich nach Russland verlegt. Bald stellt sich aber heraus, dass beides nicht stimmt. Der Kaiser kommt an die Front – deshalb soll alles ordentlich aussehen. Kaiser Wilhelm II. wirkt auf die Soldaten eher unscheinbar. Sie hatten ihn sich größer und mächtiger und mit einer „donnernden Stimme" (179) ausgestattet vorgestellt. Nach der Parade diskutieren sie darüber, welchen Einfluss der Kaiser auf Krieg und Frieden hat und wem der Krieg wohl nützen würde. Während Katczinsky meint, jeder bedeutende Kaiser bräuchte einen Krieg, und Albert Kropp den Krieg für eine Art von „Fieber" (183) hält, denkt Detering materialistischer: „Sicher stecken andere Leute, die am Krieg verdienen wollen, dahinter" (ebd.). Ernüchterung tritt ein, als die Soldaten nach dem Parademarsch die guten Uniformen wieder gegen ihre alten Frontsachen eintauschen müssen.

Zurück im grauenhaften Kriegsgeschehen

Auch die nächste Enttäuschung folgt: „Statt nach Rußland gehen wir wieder an die Front" (184). Auf dem Weg dorthin passieren die Soldaten einen Wald, der von einem Minenwerfer getroffen wurde. Was sie antreffen, ist das pure Grauen: nackte Soldaten, die durch den Luftdruck aus ihrer Uniform gestoßen wurden und nun teilweise in den Bäumen hängen, abgetrennte Gliedmaßen, Unmengen von Blut. Doch die Männer lassen sich ihre Betroffenheit nicht anmerken. Der Erzähler nennt die Sanitäter abfällig „Tragbahrenhengste" (185) und betont, dass er ihnen die Arbeit nicht abnehmen möchte.

Paul Bäumer allein auf Patrouille

Weil er wegen seines Urlaubs noch immer ein schlechtes Gewissen gegenüber seinen Kameraden hat, meldet sich Paul Bäumer freiwillig zu einem Patrouillengang. Allein in der nächtlichen Dunkelheit wird ihm dann bewusst, dass ihm die Abwesenheit von der Truppe mehr geschadet als genützt hat. Er hört in fremdem Gelände die feindlichen Geschütze um sich herum einschlagen, zugleich erinnert er sich an die warnenden Worte seiner Mutter und die russischen Kriegsgefangenen. Das führt dazu, dass er nicht wie früher ganz selbstverständlich seinen Dienst tut, sondern nachdenkt, grübelt und sich ängstigt. Er ist deshalb auch nicht fähig, die schützende Bodenvertiefung zu verlassen und den Anschluss an seine Kompanie zu suchen.

Die Duval-Episode

Als plötzlich ein Körper in den Bombentrichter hineinfällt, in dem sich Paul Bäumer verbirgt, reagiert dieser so, wie er es sich vorher ausgemalt hat: Er nimmt sein Messer und stößt „rasend" (192) auf den Mann ein, ohne ihn jedoch zu töten. Der französische Soldat ist schwer verletzt, röchelt und befindet sich in einem langen Todeskampf. Zuerst mag Paul Bäumer gar nicht hinsehen – zu fürchterlich ist es für ihn, einem anderen Menschen das Leben genommen zu haben. Der Erzähler hat nun die moralische Dimension des Krieges hautnah erfahren. Er setzt sich in die andere Ecke des Bombentrichters, möglichst weit weg von seinem Opfer, um dieses nicht ansehen zu müssen. Erst am nächsten Morgen, als der Franzose immer noch lebt, schafft Paul Bäumer zu ihm hinüberzublicken. Er sieht sich den Mann genauer an und nimmt ihn zum ersten Mal nicht als Soldat, als Feind, sondern als Mensch wahr. Als dieser dann auch noch die Augen öffnet und Bäumer ansieht, erkennt er das volle Ausmaß seines Handelns. Er versucht dem anderen das Sterben zu erleichtern, indem er ihm Wasser gibt und die Wunde verbindet. Als der Mann einige Stunden später stirbt, fühlt sich der Erzähler schuldig und möchte das Erlebte am liebsten ungeschehen machen. Er steigert sich in der Einsamkeit des Bombentrichters immer mehr in seine Gefühlswirren hinein, so dass er nun sogar wissen will, wer der Mann ist, den er getötet hat. Er nimmt dessen Brieftasche an sich und liest: „Gérard Duval, Typograph" (200). Als er das Bild von Duvals Frau und seiner kleinen Tochter findet, ist seine Tat mit Namen und Gesichtern verknüpft. Bäumer erkennt, dass der französische Buchdrucker genau wie er ein Mann aus dem Volk ist, im Gegensatz zu ihm aber ver-

heiratet und mit Kind. Dies führt beim Erzähler zu einem Zustand schwerster Erschütterung, was er selbst mit den Worten „Mein Kopf ist völlig überreizt“ (ebd.) kommentiert. Nun versucht er sich einzureden, er würde die Tat sühnen: für die Angehörigen da sein, ihnen Geld schicken, selbst Buchdrucker werden.
Während Bäumer im Bombentrichter noch völlig verzweifelt ist, geht er schon am Nachmittag desselben Tages wie selbstverständlich wieder zur Tagesordnung über:

> „Ich denke nicht mehr an den Toten, er ist mir jetzt völlig gleichgültig. Mit einem Schlage springt die Lebensgier auf, und alles, was ich mir vorgenommen habe, versinkt davor. Nur um jetzt nicht noch Unglück zu haben, plappere ich mechanisch: ‚Ich werde alles halten […], was ich dir versprochen habe –‘, aber ich weiß schon jetzt, daß ich es nicht tun werde.“ (201)

Im Verlauf des Abends wagt sich der Erzähler aus dem Bombentrichter. Er weiß, dass er seine Kameraden finden muss, was ihm auch gelingt. Er kehrt mit ins Lager zurück, wo sich die Soldaten verhalten wie immer. Nachdem Bäumer es nicht mehr ausgehalten hat, das furchtbare Erlebnis im Bombentrichter für sich zu behalten, und er es Albert und Katczinsky erzählt hat, kann auch er wieder zur Tagesordnung übergehen („Ich begreife mich jetzt auch selbst nicht mehr“, 204).

10. Kapitel

Verwundung Paul Bäumers und Aufenthalt im Krankenhaus	→ Mitten im Krieg lassen es sich die Soldaten in einem verlassenen Dorf gut gehen. → Das süße Leben endet aber mit Beschuss durch französische Truppen und die Kompanie ist wieder auf der Flucht. → Kropp und Bäumer werden verletzt, zeigen sich aber auf dem Weg nach Hause als verlässliche Kameraden. → Im Krankenhaus stellen sie fest, dass es anderen Soldaten noch viel schlechter geht als ihnen und dass das Personal ziemlich abgestumpft auf die Verwundeten reagiert. → Sie selbst machen aus ihrer Situation das Beste und verhelfen Lewandowski zu einem sexuellen Zusammensein mit seiner Frau.

Paradiesischer Zustand in einem verlassenen Dorf

Zusammen mit seinen Kameraden Katczinsky, Kropp, Müller, Tjaden, Leer und Detering muss Paul Bäumer ein verlassenes Dorf bewachen. Dies nützen die Männer als Chance, sich von den Strapazen des Krieges und den Schrecken des Kampfes etwas zu erholen. Sie richten sich ihren Unterstand mit bequemen Möbeln aus den verlassenen Häusern ein, tragen selten gewordene Nahrungsmittel wie Eier und Butter zusammen und finden auch noch zwei lebende Ferkel, aus denen sie ein Festmahl zubereiten. Zwei hinzugekommene Funker werden zum Essen eingeladen und machen inzwischen Klaviermusik. Die Idylle bekommt aber Risse: Der Rauch im Ofen hat die Feinde angelockt, die den Unterstand beschießen. Die Kompanie flieht ins Freie, auch Paul Bäumer bringt sich in Sicherheit. Zwar verletzt er sich beim Sturz auf der Kellertreppe, die Kartoffelpuffer, die er gebraten hat, bringt er aber in Sicherheit. Obwohl das Dorf fortwährend und immer heftiger beschossen wird, bleibt er mit seinen Freunden mehrere Wochen dort, bevor die Männer den Befehl erhalten abzurücken. Auch dabei zeigen sie ihre Lebenslust und ihren Übermut, indem sich Kropp und Bäumer auf einem der Lkw ein Himmelbett und mit rotem Plüsch bezogene Clubsessel aufbauen und es sich dort mit feinsten Lebensmitteln und Zigarren gut gehen lassen.

Ein feindlicher Angriff stört die Idylle

Doch schon bald holt den Trupp die Realität des Krieges wieder ein: Der Zug wird beschossen, Paul und Albert werden getroffen. Um den französischen Angreifern nicht weiter eine Zielscheibe zu bieten, flüchten die beiden Verwundeten. In einem Unterstand versorgt Bäumer Alberts Wunden und sorgt dafür, dass sie mit einem vorbeikommenden Leiterwagen weiterfahren können. Im Feldlazarett angekommen gesteht Kropp Paul Bäumer seinen schon lange gehegten Vorsatz: Statt als Krüppel weiterzuleben, will er sich lieber umbringen.

Operation an Bäumers Knie

Im nächsten Absatz beschreibt der Erzähler seine eigene Versorgung im Feldlazarett. Ein junger Arzt will einen Granatsplitter aus Pauls Knie entfernen, was diesem höllische Schmerzen bereitet, so dass er wild um sich schlägt und beinahe den Arzt trifft. Als dieser dann anordnet, Bäumer mit Chloroform zu betäuben, kommt in diesem die Angst hoch, der Arzt könnte sein Bein amputieren. Da er große Furcht davor hat, verspricht er hoch und heilig, auch ohne Betäubung ruhig zu bleiben. Der Arzt entfernt den Granatsplitter, Bäumers Bein wird geschient und eingegipst, so dass er und Kropp am nächsten Tag mit dem Lazarettzug in die Heimat gebracht werden können. Dabei zusammenzubleiben ist für die beiden Freunde ganz besonders wichtig.

Paul Bäumer geniert sich

Dass Paul Bäumer trotz der Gräuel, die er im Krieg erlebt hat, nicht völlig verroht ist, zeigt sein Verhalten im Zug. Zum einen mag er sich nicht in das mit schneeweißem Leinen bezogene Bett legen, weil er schmutzig ist und Läuse hat. Zum anderen versucht er nachts immer wieder unbemerkt sein Bett zu verlassen und auf die Toilette zu kommen. Da dies mit seiner Verwundung und dem Gipsbein schwierig ist, muss er schließlich doch der Krankenschwester sagen, worum es geht. Für diese ist das ein ganz natürlicher Vorgang, Paul Bäumer jedoch hat sich geniert, die Dinge beim Namen zu nennen.

Gelebte Kameradschaft I

Als Albert Kropp auf dem Transport nach Hause Fieber bekommt, beschließt das Personal ihn an der nächsten Station auszuladen. Das würde die Trennung der beiden Freunde bedeuten, was Paul Bäumer nicht zulassen will. Er gibt deshalb vor, auch krank zu sein, manipuliert ein Fieberthermometer, bis es 38,7 Grad anzeigt, und erreicht damit, dass er ebenfalls ausgeladen wird und mit Kropp zusammenbleiben kann. Sie werden in ein katholisches Hospital verlegt. Als dort wegen des morgendlichen Gebets der Schwestern die Tür zu ihrem Krankenzimmer offen gelassen wird, die beiden aber weiterschlafen wollen, stört Bäumer das Gebet durch den Wurf seiner Flasche auf den Korridor. Als eine Schwester danach wie gewünscht die Tür schließt, notiert der Erzähler: „Wir haben gesiegt“ (224). Doch schon am Mittag kommt der Inspektor und will die Angelegenheit aufklären. Bereitwillig meldet sich der im selben Zimmer liegende Josef Hamacher als Täter, der mit der Sache gar nichts zu tun hat. Da er aber einen Kopfschuss abbekommen hat und deshalb für unzurechnungsfähig erklärt wurde, kann ihm niemand etwas anhaben – das nützt er hier zur Freude von Kropp und Bäumer schamlos aus.

Doch auch die Krankenschwestern lassen sich nicht alles gefallen. Sie ziehen den Verwundeten die Verbände ab, dass diese „brüllen wie Stiere“ (225), und lassen die Patienten nachts ohne medizinische Versorgung liegen, weil sie nicht mehr glauben, dass die Schmerzen echt und die Verletzungen ernsthaft sind. Das zeigt das Beispiel des Soldaten Franz Wächter, dessen Verband bereits durchgeblutet ist. Trotz wiederholten Klingelns kommt zunächst keine Schwester. Als endlich eine auftaucht, meint sie erschrocken: „Weshalb hat denn keiner Bescheid gesagt?“ (226)

Abstumpfung der Krankenschwestern

Die nächsten Absätze zeigen die grausame Realität in den Lazaretten. Franz Wächter kommt ins Sterbezimmer, das beschönigend „Verbandssaal“ (228) genannt wird. Dabei wissen die älteren Soldaten längst Bescheid, was hier vorgeht: Die Sterbenden werden weggebracht, damit ihr Tod nicht vor den Augen aller anderen eintritt. Als der Soldat Peter ins Sterbezimmer gebracht wird, wehrt er sich heftig und ruft: „Ich komme wieder!“ (229), woran jedoch keiner von seinen Kameraden glaubt – trotzdem erfüllt sich diese Hoffnung später (vgl. 231).
Auch Paul und Albert werden operiert. Während Paul glimpflich davonkommt, muss Albert das ganze Bein amputiert werden. Doch das ist nicht genug des Leidens: Ein junger Soldat, der auf das Zimmer des Erzählers verlegt wird, versucht sich umzubringen.
Bäumer berichtet, dass in der Etage unter seiner Station die Schwerverwundeten liegen:

Die grausame Realität im Lazarett

> „Im Stockwerk tiefer liegen Bauch- und Rückenmarkschüsse, Kopfschüsse und beiderseitig Amputierte. Rechts im Flügel Kieferschüsse, Gaskranke, Nasen-, Ohren- und Halsschüsse. Links im Flügel Blinde und Lungenschüsse, Beckenschüsse, Gelenkschüsse, Nierenschüsse, Hodenschüsse, Magenschüsse. Man sieht hier erst, wo ein Mensch überall getroffen werden kann. Zwei Leute sterben an Wundstarrkrampf. Die Haut wird fahl, die Glieder erstarren, zuletzt leben – lange – nur noch die Augen. Bei manchen Verletzten hängt das zerschossene Glied an einem Galgen frei in der Luft; unter die Wunde wird ein Becken gestellt, in das der Eiter tropft. Alle zwei oder drei Stunden wird das Gefäß geleert. Andere Leute liegen im Streckverband, mit schweren herabziehenden Gewichten am Bett. […] Der Schreiber des Arztes zeigt mir Röntgenaufnahmen von völlig zerschmetterten Hüftknochen […].“ (232)

Die existenzielle Not des Ich-Erzählers

Der Erzähler zieht nach dieser Beschreibung ein Fazit: Er fragt sich, wozu er gelebt hat, sein Leben habe nur aus Verzweiflung und Tod bestanden. Er verallgemeinert seine Einsichten und stellt fest, dass „Völker gegeneinandergetrieben“ (233) werden und dass „die klügsten Gehirne der Welt Waffen und Worte erfinden, um das alles noch raffinierter und länger dauernd zu machen“ (ebd.). Für sich und die Angehörigen seiner Generation stellt er die existenzielle Frage: „Und was soll aus uns werden?“ (ebd.)

Gelebte Kameradschaft II

In der nächsten Episode erzählt Paul Bäumer vom Tischler Johann Lewandowski, dem Zimmerältesten, dessen Frau Marja Geld gespart hat, um ihren Mann zu besuchen. Nun ist sie unterwegs und ihr Mann erwartet sie. Die Soldaten haben Verständnis für die sexuellen Bedürfnisse der beiden, nehmen den Säugling in Obhut und passen auf, dass niemand das Zimmer betritt, so dass die beiden ungestört sein können. Am Ende stellt der Erzähler befriedigt fest: „Wir fühlen uns jetzt als eine große Familie, die Frau ist ordentlich munter geworden, und Lewandowski liegt schwitzend und strahlend da.“ (236 f.)

Genesung zu Hause und schwerer Abschied

Paul Bäumer erzählt von seiner Genesung: Der Arm ist geheilt, das Bein wird noch behandelt, so dass es beweglich wird. Er ist auf Erholungsurlaub und stellt fest: „Es ist alles noch schlimmer als das letztemal.“ (238) Als er wieder an die Front muss, fällt Paul der Abschied schwer – bezeichnenderweise aber nicht von seiner Mutter, sondern von Albert.

11. Kapitel

➙ In resignativem Ton beschreibt der Erzähler den Krieg als quasi-natürliches Geschehen. ➙ Die Situation macht den Soldaten sehr zu schaffen; Detering unternimmt einen sinnlosen Fluchtversuch, Berger setzt sein Leben für einen Hund aufs Spiel. ➙ Der Erzähler reflektiert die Sachlage und kommt zu dem Schluss, dass Deutschland angesichts der alliierten Übermacht den Krieg nicht mehr gewinnen könne. ➙ Er erkennt, dass die Russen Menschen sind wie du und ich. ➙ Die Unmenschlichkeit des Krieges zeigt sich auch darin, dass die Menschen zu Spielbällen der politisch Verantwortlichen werden.	Trostlosigkeit, Untergang, Verzweiflung und Tod

Der Krieg als quasi-natürliches Geschehen

Der Beginn des Kapitels dient der Reflexion des Erzählers. Es ist Frühling und Paul Bäumer erinnert sich, wie er im Winter an die Front zurückgekommen ist. Zeitraffendes Erzählen beherrscht auch sonst die Erzählhaltung („Unser Leben wechselt zwischen Front und Baracken", „Unsere Gedanken […] werden geknetet vom Wechsel der Tage", 239). Das Natur-Motiv spielt auch bei der Bewertung des Krieges eine Rolle, indem der Erzähler diesen mit der Natur gleichsetzt („Wir sind es teilweise schon gewohnt, der Krieg ist eine Todesursache wie Krebs und Tuberkulose, wie Grippe und Ruhr", ebd.). Selbst die Menschen werden nur in ihrer Eigenschaft als Kreatur wahrgenommen; die auf S. 241 verwendeten Ausdrücke wie „Winterschlaf", „Instinkt", „auf der Lauer liegen" sowie „Buschneger" spiegeln das ebenso wider wie die Aussagen, der Krieg habe die Soldaten „zu denkenden Tieren" gemacht und sie glichen „Wilden" (ebd.). Insgesamt zeigt sich in diesem Textabschnitt eine resignative Grundhaltung, die auf einen negativen Ausgang des Erzählerberichts vorausdeutet.

Deterings Desertionsversuch

Von Verzweiflung handelt auch der nächste Abschnitt: Detering macht sich bei seinen Kameraden verdächtig, weil er Kirschblüten pflückt, angeblich nur, weil sie ihn an sein Zuhause erinnern. Der Ich-Erzähler befürchtet aber zu Recht, Detering wolle desertieren, um nach Hause zu kommen, was dieser jedoch abstreitet. Obwohl Bäumer ihn genau im Auge behält, gelingt Detering nach einigen Tagen die Flucht. Da er die falsche Richtung – „nach Deutschland“ (244) – gewählt hat, greifen ihn die Feldgendarmen auf. Da Paul Bäumer nie mehr etwas von Detering gehört hat, vermutet er, man habe ihn vors Kriegsgericht gestellt.

Bergers Frontkoller

Die Verhältnisse werden immer schwieriger, der Frontkoller greift um sich. Bäumer berichtet von seinem Kameraden Berger, der sich aus Sorge um einen Meldehund in Lebensgefahr begibt. Obwohl er sich aus der Deckung wagt, kommt er mit einem Beckenschuss davon. Einer der Helfer, der Berger in Sicherheit bringt, „kriegt sogar dabei noch eine Gewehrkugel in die Wade“ (246).

Müllers Tod als Vorausdeutung auf den Untergang der deutschen Truppen

Auch die Toten werden mehr: Müller wird eine Leuchtkugel in den Magen geschossen. Er überlässt die Stiefel, die er von Kemmerich übernommen hat, dem Ich-Erzähler. Dieser hat schon vorausgeplant: Er wird sie später Tjaden überlassen. Müllers Tod löst beim Ich-Erzähler wieder eine Phase der Reflexion aus. Er gibt eine klare Analyse der Situation ab: Die Deutschen sind zu schwach, die Alliierten zu stark – so kann Deutschland den Krieg nicht mehr gewinnen:

> „Es gibt drüben zu viele frische englische und amerikanische Regimenter. Es gibt zu viel Corned-beef und weißes Weizenmehl. Und zu viel neue Geschütze. Zu viel Flugzeuge. […] Unsere Artillerie ist ausgeschossen – sie hat zu wenig Munition – und die Rohre sind so ausgeleiert, daß sie unsicher schießen und bis zu uns herüberstreuen. Wir haben zu wenig Pferde. Unsere frischen Truppen sind blutarme, erholungsbedürftige Knaben, die keinen Tornister tragen können, aber zu sterben wissen. […] Ein einziger Flieger knallte aus Spaß zwei Kompagnien von ihnen weg, ehe sie etwas von Deckung wußten, als sie frisch aus dem Zuge kamen.“ (246 f.)

Hoffnungslosigkeit überall

Katczinskys Ausspruch „Deutschland muß bald leer sein“ (247) steht für das, was die Frontsoldaten im Geheimen denken. Sie sehen die Mängel in der Versorgung und im Nachschub besser als alle anderen und glauben nicht mehr an einen deutschen Sieg. Sie machen sich vielmehr über die Ärzte lustig, die jeden halbwegs gesunden Mann als verwendungsfähig für den Krieg (k.v.) qualifizieren. Andererseits zeigt der Ich-Erzähler auf, dass die Tanks, mit denen die Alliierten den Krieg führen, „vom Gespött zu einer schweren Waffe geworden" (248) sind. Zusammenfassend nennt der Erzähler das, was für ihn den Krieg ausmacht:

> „Granaten, Gasschwaden und Tankflottillen – Zerstampfen, Zerfressen, Tod. Ruhr, Grippe, Typhus – Würgen, Verbrennen, Tod. Graben, Lazarett, Massengrab – mehr Möglichkeiten gibt es nicht." (249)

Tote überall: Bertinck und Leer

In der Form des zeitraffenden Erzählens berichtet Paul Bäumer vom Tod des Kompanieführers Bertinck. Er stirbt, als er seine Soldaten vor dem gegnerischen Angriff schützen will und sich damit selbst in Lebensgefahr bringt. Leer, der nahe bei ihm ist, bekommt ebenfalls noch einen Splitter ab und verblutet an Ort und Stelle.

Die Überlegenheit der Alliierten

Der Ich-Erzähler beschreibt den Sommer 1918 als den blutigsten und schwersten. Er behauptet: „Jeder hier weiß, daß wir den Krieg verlieren" (250). Die Anapher (Wiederholung eines Wortes oder mehrerer Wörter zu Beginn aufeinanderfolgender Sätze, Satzteile oder – wie im vorliegenden Fall – Absätze) „Sommer 1918" (250 f.) macht deutlich, dass es sich um ein einschneidendes Ereignis, eine besondere Jahreszeit handelt.
Auch für den einzelnen Soldaten wird die Situation als immer bedrohlicher dargestellt. Hinzu kommt die Überlegenheit der Alliierten in Bezug auf die Personalausstattung, technisches Gerät und Nahrungsmittelversorgung.

Katczinskys Verwundung und Tod

Für den Erzähler wird die Situation fast unerträglich, als dann auch noch sein Freund Katczinsky verwundet wird: „das Schienbein scheint zerschmettert zu sein. Es ist ein Knochenschuß" (252). Paul Bäumer schleppt den Verletzten, dessen Wunde heftig blutet, zu den Sanitätern. Auf dem Weg dorthin wird ihm klar, wie stark seine Bindung an Katczinsky ist. Er erinnert sich an die Gänse-Episode und an seine eigene erste Verwundung, die fast drei Jahre zurückliegt. Er hat Angst, seinen Freund nie mehr wiederzusehen. Sie beschließen deshalb, ihre Adressen zu tauschen. Doch das alles ist umsonst: Als der Sanitäter Katczinsky untersucht, stellt er fest, dass dieser inzwischen gestorben ist – jedoch nicht an dem Schuss ins Bein, sondern an einem Splitter, der sich, während Paul ihn trug, in seinen Kopf gebohrt hat.

12. Kapitel

Kriegsende und der Tod Paul Bäumers	→ In seinen letzten Tagen ist Paul Bäumer zwischen Hoffen und Bangen hin und her gerissen. Er wünscht sich den Frieden, kann sich aber nicht vorstellen, wie dieser sein wird. → Am Ende des Romans berichtet ein Er-Erzähler vom Tod Paul Bäumers.

Hoffnung auf Frieden und Furcht davor

Das letzte Kapitel ist das kürzeste des gesamten Romans. Auf knapp zwei Seiten erzählt Paul Bäumer seine Geschichte zu Ende. Er erwähnt, dass er der letzte Überlebende aus seiner Klasse ist und dass er nach einem Giftgasangriff Ruhe verordnet bekommen hat. Er schreibt auch vom Waffenstillstand und vom Frieden, weil davon überall gesprochen wird, und malt sich aus, wie es ist, nach Hause zu kommen. Man kann seinen Ausführungen aber auch entnehmen, dass er Angst vor dieser Situation hat („Wir werden uns nicht mehr zurechtfinden können", „Wir sind überflüssig für uns selbst", 257 f.). Zugleich hofft er aber, sein altes Leben wieder aufnehmen zu können.

Allem, was er aber hin und her wendet, haftet ein resignativer Zug an:

> „Ich bin sehr ruhig. Mögen die Monate und Jahre kommen, sie nehmen mir nichts mehr, sie können mir nichts mehr nehmen. Ich bin so allein und so ohne Erwartung, daß ich ihnen entgegensehen kann ohne Furcht. Das Leben, das mich durch diese Jahre trug, ist noch in meinen Händen und Augen. Ob ich es überwunden habe, weiß ich nicht." (258 f.)

Der Tod des Ich-Erzählers

In den letzten Zeilen des Romans wechselt die Erzählperspektive. Eine anonymer personaler Erzähler, der keine Figur des erzählten Geschehens zu sein scheint, berichtet vom Tod des Soldaten Paul Bäumer im Oktober 1918, an einem Tag, an dem „der Heeresbericht sich nur auf den Satz beschränkte, im Westen sei nichts Neues zu melden" (259). Wie Bäumer ums Leben gekommen ist, wird jedoch nicht mitgeteilt.

Überblick: Aufbau des Romans

Kapitel	Ort	Handlung	Rückblende
1	Etappe	Vorstellung der Figuren, Essensausgabe, Latrinensitzung, bei Kemmerich im Lazarett	Klassenlehrer Kantorek
2	Etappe (Lazarett)	bei Kemmerich im Lazarett, Tod Kemmerichs	Ausbildung bei Unteroffizier Himmelstoß
3	Etappe (Barackenlager)	Charakterisierung Katczinskys, Überfall auf Himmelstoß	
4	Front	beim Schanzen, Pferde-Episode, Gasangriff	
5	Etappe	Überlegungen der Soldaten für die Zeit nach dem Krieg, Zusammentreffen mit Himmelstoß, Gänsebraten-Episode	
6	Front	Die Kriegshandlung ist in vollem Gang: im Schützengraben, Trommelfeuer, Sturmangriff	
7	Etappe / Heimat	Liebesabenteuer mit den Französinnen, Urlaub in der Heimat, Erinnerung an die Jugendzeit misslingt Major-Episode, Gespräch mit dem Direktor über die deutsche Kriegsführung, Klassenlehrer Kantorek im Ausbildungslager	Wiedersehen mit der Mutter
8	Heimat	im Heidelager, Begegnung mit den russischen Gefangenen	
9	Front / Etappe	Rückkehr an die Front, Kaiserbesuch, Gespräch der Soldaten über den Zweck des Krieges, Duval-Episode	
10	Front	in einem französischen Dorf, Verwundung Bäumers und Kropps, im Lazarett, Lewandowski-Episode	
11	Front	Tod der Kameraden, die Kriegsniederlage zeichnet sich ab,	
12	Etappe / Front	Erholung Bäumers vom Gasangriff, Nachdenken über die Zukunft, Epilog des Er-Erzählers und Mitteilung über Bäumers Tod	

Die Personen

Paul Bäumer

Der Ich-Erzähler …	
	→ … ist die Hauptperson des Romans. → … wird als ganz normaler Junge aus dem Bürgertum charakterisiert. → … ist zu Beginn der Romanhandlung 19 Jahre alt. → … meldet sich freiwillig zum Kriegsdienst. → … hat keine Ausbildung, „lernt" Soldat zu sein. → … kann sich bei seinen Aufenthalten in der Heimat nicht vorstellen, irgendwann einmal ein „normales" bürgerliches Leben zu führen. → … fällt am Ende des Krieges – die genaueren Umstände seines Todes bleiben aber unbekannt.

Paul Bäumer, der Ich-Erzähler des Romans, ist 19 Jahre alt und gemeinsam mit seinen Schulkameraden Albert Kropp, Josef Behm, Kemmerich, Müller und Leer zum Heer gekommen. Anlass war die patriotisch motivierte Aufforderung ihres Klassenlehrers Kantorek, sich geschlossen zum Kriegsdienst zu melden. Wie man später erfährt, wurde einer der Freunde, Behm, schon in den ersten Tagen an der Front tödlich verwundet (vgl. 16). Die anderen dienen nun im Heer, Paul Bäumer und seine Freunde in der 2. Kompanie (vgl. 10).

Herkunft und Jugend Bäumers

Paul Bäumer stammt aus einer Stadt im Westen Deutschlands (möglicherweise Osnabrück), wo er in der Vorkriegszeit ein Gymnasium besuchte. Er hat einen bürgerlichen Bildungshintergrund und sagt von sich selbst, er sei ein Junge wie jeder andere gewesen. In seiner Freizeit hat er Gedichte geschrieben sowie ein Drama mit dem Titel „Saul" (23) begonnen, aber nicht mehr zu Ende gebracht. Er hatte wohl noch keine Beziehung zu einem Mädchen, auch noch keinen Berufswunsch oder genauere Vorstellungen von seiner Zukunft. Er lebte mit seinen Eltern und Geschwistern recht sorglos und fasst das so zusammen: „etwas Schwärmertum, einige Liebhabereien und die Schule; weiter reichte unser Leben noch nicht" (ebd.).

Das Leben im Krieg

Dieses unbeschwerte Leben war mit der Meldung als Kriegsfreiwilliger zu Ende. Bäumer lernt im Krieg die schrecklichen, negativen Seiten des Lebens kennen. Er sieht seine Freunde leiden und sterben, zuerst Behm, dann Kemmerich, und er lernt, sich im Feld als Soldat zu verhalten: anzugreifen, Deckung zu suchen, verletzte Kameraden aus der Schusslinie zu bringen, richtig auf die Gasangriffe zu reagieren, Essen zu requirieren, Unterkünfte zu finden. Er lernt die verschiedenen Geschütze am Ton zu erkennen und sich bestmöglich vor ihnen in Deckung zu bringen, er lernt den sexuellen Umgang mit Frauen, wie die Episode mit den Französinnen zeigt.

Bäumers Charakter

Für seine Mitmenschen scheint Bäumer eine Vertrauensperson zu sein. Kemmerichs Mutter hatte ihn angefleht auf ihren Sohn aufzupassen; dieser beauftragte ihn, nach seinem Tod seine Uhr nach Hause zu schicken. Auch die anderen Kameraden schätzen Bäumer, allen voran Katczinsky. Er nimmt Paul immer wieder mit, wenn es darum geht, Nahrung zu beschaffen (vgl. 84 ff.).

Die Veränderung Bäumers durch den Krieg

Als Paul Bäumer auf Urlaub nach Hause kommt, ist ihm die einstmals so vertraute Heimat, das Elternhaus, ja sogar sein Jugendzimmer mit den Büchern, die er damals teilweise antiquarisch gekauft und dann gelesen hatte, fremd geworden. Seine Interessen, seine Zukunftsperspektiven, seine gesamte Weltsicht haben sich verändert – Paul kann mit seinen Gedanken, Gefühlen und Hoffnungen aus der Schulzeit nichts mehr anfangen.
Hinzu kommt, dass seine Mutter zum zweiten Mal schwer an Krebs erkrankt ist, was ihm die Familie nicht mitteilte, solange er an der Front Dienst tat. Dass man ihn schonte, kommt ihn jetzt, wo er mit der Realität konfrontiert wird, umso härter an.
Paul Bäumers Welt ist nicht mehr so, wie sie vor seinem Eintritt ins Heer war. Dies zu akzeptieren fällt ihm schwer, und wieder an der Front kann er die Gedanken an sein Zuhause und an die Vorkriegssituation nicht mehr vollständig wegschieben. Er merkt, dass er nicht mehr unbefangen seinen Dienst tun kann, er zweifelt mehr und mehr am Sinn des Krieges. Die Gedanken an die Menschen zu Hause lenken ihn immer wieder ab. Es

stellt sich für ihn auch die Sinnfrage, warum gerade er weiterleben soll: „Ach Mutter, Mutter! Warum nehme ich dich nicht in meine Arme, und wir sterben. Was sind wir doch für arme Hunde!“ (164)
Nach einem Leben in fast paradiesischen Zuständen in einem französischen Dorf, das von seinen Bewohnern verlassen worden ist, werden auch Paul Bäumer und sein Freund Albert Kropp verwundet. Kropps Verletzung führt zur Amputation des Beins, während Bäumer nur operiert und nach einem kurzen Urlaub bei den Eltern wieder ins Feld geschickt wird. Seine Verzweiflung wächst weiter – zu viele seiner Freunde sieht er im Krieg fallen.

Tod Bäumers

Nachdem auch sein Freund Katczinsky gestorben ist und der Krieg dem Ende zu geht, stirbt auch Paul Bäumer. Es ist ein Tag im Oktober 1918, als der Heeresbericht nur vermerkt, „im Westen sei nichts Neues zu melden“ (259).

Bäumers Kameraden

Paul Bäumers Klassenkameraden: Behm, Kemmerich, Kropp, Müller und Leer …	➟ Die Klassenkameraden Paul Bäumers sind als Typen, nicht als Charaktere gekennzeichnet und veranschaulichen verschiedene Aspekte des Leidens am Krieg. ➟ Sie sind alle 19 Jahre alt und gehören der „verlorenen Generation“ an. ➟ Sie meldeten sich auf Drängen ihres Klassenlehrers Kantorek freiwillig zum Kriegsdienst. ➟ Sie sehen für sich keine Perspektive für die Zeit nach dem Krieg. ➟ Alle erleiden die Schrecken des Krieges, alle sind am Ende tot.

… und die „einfachen Leute“	➟ Tjaden ist 19 Jahre alt, Schlosser, ständig hungrig und Bettnässer. Wie er zu Tode kommt, bleibt unklar. ➟ Haie Westhus, ebenfalls 19 Jahre alt, ist Torfstecher und sehr kräftig. Er stirbt im Trommelfeuer der französischen Artillerie. ➟ Detering ist Bauer, denkt oft an seine Frau und an seinen Hof. Er desertiert und wird vermutlich vom Kriegsgericht zum Tode verurteilt.

Albert Kropp, Joseph Behm, Franz Kemmerich, Müller und Leer sind nicht näher charakterisiert. Sie kommen aus derselben Klasse wie Paul Bäumer und sind wie er 19 Jahre alt. Manche haben schon etwas mehr Lebenserfahrung (Leer spricht von den Mädchen im Offizierspuff, vgl. 8, 209), ansonsten stehen sie für das Schicksal, das ein junger Mann im Ersten Weltkrieg erleiden konnte. Während Paul Bäumer einige Monate im Krieg gewesen war, ehe er fiel, kam Behm schon in den ersten Tagen bei der Truppe ums Leben. Er wurde durch Kopfschuss getötet, Kemmerich hingegen wurde amputiert und musste lange leiden.

Dramaturgische Funktion von Bäumers Freunden

Es sind also die Gegensätze, die verschiedenen Möglichkeiten der Existenz und des Charakters, die das Auftreten der Freunde Paul Bäumers rechtfertigen. Sie geben einen vertieften Einblick in die Situation der Soldaten und bilden einen Kontrast zum Charakter und zu den Denk- und Handlungsweisen des Erzählers. Sie machen deutlich, wie die Soldaten lebten, dachten, fühlten und handelten.

Die Gymnasiasten

Kropp

Kropp ist wie Bäumer 19 Jahre alt. Ihm werden die Attribute „hungrig“ und „klarer Denker“ zugeschrieben. So wird er in den Roman eingeführt, als er dem Küchenbullen, der außer sich ist, weil er für 150 Mann gekocht hat, aber nur 80 vom Fronteinsatz zurückkommen, entgegnet: „Dann werden wir endlich mal satt.“ (10)
Kropp bekommt einen Frontkoller, als er einen Brief Kantoreks liest, den dieser ihm geschrieben hat und ihn darin als Teil der „eisernen Jugend“ (22) bezeichnet. Kropp liest den Brief seinen Freunden vor, und mehr noch als das Adjektiv „eisern“ ärgert die Soldaten der Begriff „Jugend“: „Ja, so denken sie, so denken sie, die hunderttausend Kantoreks! Eiserne Jugend. Jugend! Wir sind alle nicht mehr als zwanzig Jahre. Aber jung? Jugend? Das ist lange her. Wir sind alte Leute.“ (Ebd.)
Kropp macht sich auch Gedanken über den Sinn eines Krieges. Im Gespräch mit Katzcinsky und Bäumer äußert er Thesen, für die er eine lange Haftstrafe riskiert. Er schlägt vor:

> „eine Kriegserklärung solle eine Art Volksfest werden mit Eintrittskarten und Musik wie bei Stiergefechten. Dann müßten in der Arena die Minister und Generäle der beiden Länder in Badehosen, mit Knüppeln bewaffnet, aufeinander losgehen. Wer übrigbliebe, dessen Land hätte gesiegt. Das wäre einfacher und besser als hier, wo die falschen Leute sich bekämpfen." (41)

Als Ausbilder Himmelstoß an die Front kommt, findet er in Kropp einen Gegner, der ihm intellektuell überlegen ist. Er lässt ihn das auch merken, wenn er zu ihm sagt:

> „Sehen Sie mal dorthin, wo die kleinen Wölkchen stehen. Das sind die Geschosse der Flaks. Da waren wir gestern. Fünf Tote, acht Verwundete. Dabei war es eigentlich ein Spaß. Wenn Sie nächstens mit rausgehen, werden die Mannschaften, bevor sie sterben, erst vor Sie hintreten, die Knochen zusammenreißen und zackig fragen: Bitte wegtreten zu dürfen! Bitte abkratzen zu dürfen! Auf Leute wie Sie haben wir hier gerade gewartet." (83)

Am Ende des Krieges, als die deutschen Soldaten vor den vorrückenden Franzosen fliehen müssen, rettet Paul Bäumer Kropp, obwohl er selbst verletzt ist. Es gelingt den beiden, zusammen in die Heimat verlegt zu werden. Im Krankenhaus wird Kropp ein Bein amputiert, es geht ihm trotzdem immer schlechter. Schließlich stirbt er, was sich aus Paul Bäumers Hinweis „Ich bin der letzte von den sieben Mann aus unserer Klasse" (257) ergibt.

Müller

Auch Müller ist ein Klassenkamerad Bäumers, der sich auf Betreiben Kantoreks freiwillig zum Dienst an der Front gemeldet hat. Sein Vorname wird nie genannt, man weiß von ihm nur, dass er „vorstehende Zähne" und ein „bellendes Lachen" (137) hat. Er hofft immer noch darauf, das Notabitur ablegen zu können, und büffelt dafür „im Trommelfeuer [...] physikalische Leersätze" (8). Müller wird als „tapsig und rechthaberisch" (18) beschrieben, weil er den vom Tod bereits gezeichneten Kemmerich darauf hinweist, dass er sich nicht wundern müsse, dass ihm seine gute Uhr abhanden gekommen sei, wenn er diese in den Krieg mitnähme. Müller ist auch derjenige, der Kemmerich seine Fliegerstiefel mit dem Hinweis abschwatzen will, dass er sie sowieso nicht mehr gebrauchen könne. Diese Szene zeigt seinen

Freunden, aber auch den Lesern, dass Müller die Sachlage zwar richtig einschätzt, aber recht unsensibel damit umgeht. Trotzdem wird Müller im Roman nicht negativ dargestellt. Dies erreicht der Erzähler, indem er das Verhalten seines Schulfreundes vor dem Hintergrund der Zeitumstände erläutert:

> „Wenn Müller gern Kemmerichs Stiefel haben will, so ist er deshalb nicht weniger teilnahmsvoll als jemand, der vor Schmerz nicht daran zu denken wagte. Er weiß nur zu unterscheiden. Würden die Stiefel Kemmerich etwas nutzen, dann liefe Müller lieber barfuß über Stacheldraht, als zu überlegen, wie er sie bekommt. So aber sind die Stiefel etwas, das gar nichts mit Kemmerichs Zustand zu tun hat, während Müller sie gut verwenden kann. Kemmerich wird sterben, einerlei, wer sie erhält. Warum soll deshalb Müller nicht dahinter her sein, er hat doch mehr Anrecht darauf als ein Sanitäter! Wenn Kemmerich erst tot ist, ist es zu spät. Deshalb paßt Müller eben jetzt schon auf. Wir haben den Sinn für andere Zusammenhänge verloren, weil sie künstlich sind. Nur die Tatsachen sind richtig und wichtig für uns. Und gute Stiefel sind selten." (24)

Später in der Etappe ist Müller derjenige, der seine Kameraden befragt, was sie machen würden, wenn Frieden wäre. Durch seine intensive Nachfrage bringt er alle dazu, darüber nachzudenken, dass es auch andere Verhältnisse geben könnte als die, in denen sie derzeit leben. Zugleich weckt Müller damit Hoffnungen, die allerdings unerfüllbar bleiben. Dramaturgisches Element ist dabei die Reflexion: über die gegenwärtigen Verhältnisse, über die Wünsche und Sehnsüchte der Männer, über existenzielle Fragen und schließlich auch über den Nutzen der Schulbildung in Zeiten des Krieges („‚Was waren die Ziele des Göttinger Hainbundes?', forscht auch Müller plötzlich sehr streng", 78).

Im 11. Kapitel stellt der Erzähler lakonisch fest: „Müller ist tot" (246). Man erfährt, dass er von einer Leuchtkugel in den Magen getroffen wurde und unter grausamen Schmerzen bei vollem Bewusstsein zugrunde gegangen ist.

Vom vollbärtigen Leer, der „ausschaut wie vierzig" (137), Leer
weiß man, dass er der Erste aus der Klasse war, „der ein

Verhältnis hatte und davon aufregende Einzelheiten erzählte“ (129). Ebenso wie Bäumer, Behm, Kropp und Müller war er erst 19 Jahre alt, als er sich freiwillig zum Kriegsdienst gemeldet hat. Er hat eine „große Vorliebe für Mädchen aus den Offizierspuffs“ (8). Er ist auch derjenige, der die Französinnen am Fluss anspricht und damit die sexuellen Begegnungen seiner Kameraden mit diesen Mädchen anbahnt.
Im Frühjahr 1918 fällt Leer. Als die Kameraden an der Front sind und zwei Männer entdecken, die mit Flammenwerfern die gegnerischen Soldaten aufspüren wollen, versucht Kompanieführer Bertinck von seinen Soldaten das Schlimmste abzuwenden. Dabei wird er selbst getötet; ein Schuss trifft ihn in die Brust, ein Splitter schmettert ihm das Kinn weg. „Der gleiche Splitter hat noch die Kraft, Leer die Hüfte aufzureißen. Leer stöhnt und stemmt sich auf die Arme, er verblutet rasch, niemand kann ihm helfen.“ (250)

Die „einfachen Leute“

Neben den Gymnasiasten, die angestachelt von ihrem Lehrer Kantorek 1914 als Freiwillige in den Krieg gezogen sind, gibt es als weitere wichtige Nebenfiguren noch die Soldaten, die Katczinsky die „einfachen Leute“ (182) nennt.

Tjaden

Tjaden ist von Beruf „Schlosser“ (9), ebenfalls 19 Jahre alt. Er scheint ständig hungrig zu sein, da der Erzähler von seiner „Freßsucht“ (7) spricht. Dabei ist er mager geblieben (vgl. 9). Er tritt im Roman zum ersten Mal in Erscheinung, als klar wird, dass der Koch für 150 Mann gekocht hat und nur 80 Mann vom Fronteinsatz zurückkommen, für jeden Einzelnen also viel mehr Essen bleibt als vorgesehen.
„Tjaden ist Bettnässer“ (45) und sein Ausbilder Himmelstoß will ihn „heilen“ (ebd.). Er legt ihn deshalb zusammen mit einem anderen Bettnässer in ein Stockbett und hofft, die beiden könnten so ihr Problem gemeinsam in den Griff bekommen – eine Sichtweise, die Tjaden als zutiefst menschenverachtend empfindet.
Tjaden rächt sich bei nächster Gelegenheit an Himmelstoß: Gemeinsam mit Haie Westhus und Paul Bäumer

passt er den Ausbilder nach einem Wirtshausbesuch ab, sie überfallen und verprügeln ihn. Später, als Himmelstoß an die Front verlegt worden ist und sie wieder aufeinandertreffen, kommt es erneut zum Konflikt. Tjaden verweigert den Gehorsam und beschimpft Himmelstoß mit dem Götz-Zitat. Als die Sache untersucht wird, stellt sich heraus, dass Himmelstoß ein Schinder ist, und Tjaden kommt mit einer leichten Form von Arrest davon.
Als die Kameraden die Französinnen besuchen, wollen sie Tjaden nicht mitnehmen. Sie füllen ihn so lange mit „Rum und Punsch" (131) ab, bis er schlafend zu Hause bleiben muss.
Auch Tjaden überlebt den Krieg nicht. Wie er zu Tode gekommen ist, bleibt aber im Dunkel.

Haie Westhus

Haie Westhus, von Beruf Torfstecher, ist ein kräftiger Bursche von ebenfalls 19 Jahren. Er kann „bequem ein Kommißbrot in eine Hand nehmen und fragen [...]: Ratet mal, was ich in der Faust habe" (9). Zu den Freunden Katczinskys gehört er aber nur „halb und halb dazu" (37). Im Trommelfeuer der französischen Artillerie kommt Haie Westhus zu Tode:

> „Haie Westhus wird mit abgerissenem Rücken fortgeschleppt; bei jedem Atemzug pulst die Lunge durch die Wunde. Ich kann ihm noch die Hand drücken; – ‚is alle, Paul', stöhnt er und beißt sich vor Schmerz in die Arme." (121 f.)

Detering

Detering ist Bauer und denkt „nur an seinen Hof und an seine Frau" (8). Er tritt im Roman nicht oft in Erscheinung. Als aber bei einem Angriff Pferde leidvoll zu Tode kommen, ist er es, der die Tiere von ihrem Leid erlösen will („Detering wird wütend und brüllt: ‚Erschießt sie, erschießt sie doch, verflucht noch mal!'", 59).
Im Frühling 1918 hält es Detering nicht mehr aus und desertiert. Weil er nach Hause will, nimmt er den direkten Weg und wird auch prompt gefasst. Es ist zu vermuten, dass er vor das Kriegsgericht gestellt und zum Tod verurteilt wurde. Der letzten Worte des Erzählers in dieser Sache deuten darauf hin: „Doch was begreifen Kriegsgerichtsräte hundert Kilometer hinter der Linie davon? – Wir haben nichts mehr von Detering vernommen." (244)

Stanislaus Katczinsky

Vertrauter und Vorbild Paul Bäumers	→ Katczinsky ist 40 Jahre alt, Handwerker, verheiratet und hat ein Kind. → Er hat Kriegserfahrung und setzt sich in den verschiedensten Situationen für seine Kameraden ein. → Er stirbt, während Paul Bäumer ihn in Sicherheit bringen will, an einem unbemerkten Granatsplitter.

Charakterisierung Stanislaus Katczinskys

Katczinsky, Kat genannt, steht für die älteren Soldaten, die im Krieg gebraucht wurden und auch den jungen Kameraden gute Dienste geleistet haben, weil sie die Gegebenheiten kannten. Er gehört aber auch zu den Soldaten, deren Ideale im Krieg zerstört wurden.
Er wird sehr schnell zum Vertrauten des Ich-Erzählers („Ein Blick zu Katczinsky – ein Blick von ihm zurück; wir verstehen uns", 49). Er ist mit 40 Jahren deutlich älter als Bäumer, hat eine Frau und einen Sohn. Von Beruf ist er wohl „Schuster" (37), was aber der Erzähler nur mit Einschränkungen wiedergibt, denn „das tut nichts zur Sache, er versteht jedes Handwerk" (ebd.).

Ein schlichter Denker

Katczinsky ist kein Intellektueller, er meint ja selbst: „Bildung […] mache dämlich" (16). Er macht sich zwar Gedanken über den Lauf der Ereignisse, diese sind aber meist wenig fundiert und recht oberflächlich, wenn auch in der Kernaussage stimmig. So sagt Katczinsky im Gespräch der Soldaten über den Nutzen des Krieges: „Es muß Leute geben, denen der Krieg nützt." (182) Auch am Schluss des Romans, als das Ende des Krieges schon absehbar ist, meldet sich Katczinsky wieder zu Wort: „Deutschland muß bald leer sein." (247) Auch dieser Satz trifft in seiner Schlichtheit den Sachverhalt besser als manche hochtrabende Analyse.

Ein Soldat durch und durch

Bäumer bezeichnet ihn als „das Haupt unserer Gruppe, zäh, schlau, gerissen […] mit einem Gesicht aus Erde, mit blauen Augen, hängenden Schultern und einer wunderbaren Witterung für dicke Luft, gutes Essen und schöne Druckposten." (9) Katczinsky hat aufgrund seines Alters und seiner Zeit im Heer mehr Erfahrung als alle anderen in seiner Kompanie. Der Erzähler sagt von ihm, „Katczinsky hat recht" (8), „Katczinsky ist nicht zu entbehren, weil er einen sechsten Sinn hat“ (37) und er sei „der gerissenste“ (ebd.). Katczinsky kann aufgrund seiner Fronterfahrung die Lage einschätzen („Katczinsky ist unruhig, das ist ein schlechtes Zeichen“, 61). Er kann auch seine Kameraden vor drohenden Gefahren warnen („Die Hand schüttelt mich, ich wende den Kopf, in sekundenkurzem Licht starre ich in das Gesicht Katczinskys, er hat den Mund weit offen und brüllt, ich höre nichts, er rüttelt mich, nähert sich; in einem Moment Abschwellen erreicht mich seine Stimme: „Gas – Gaaas – Gaaas – Weitersagen!“, 63). Zudem schlägt er mehr Vorteile für seine Kameraden heraus als jeder andere: „Nun mach deinen Bouillonkeller schon auf, Heinrich! Man sieht doch, daß die Bohnen gar sind.“ (9) Insgesamt gilt Paul Bäumers Einschätzung: „Es ist gut, mit ihm befreundet zu sein.“ (37)

Ein verlässlicher Kamerad

Katczinsky kümmert sich auch um seine Kameraden, um ihnen beim Überleben im Krieg zu helfen. So fährt er Detering heftig an, als dieser vor einem bevorstehenden Fronteinsatz angesichts der bereitstehenden Särge feststellt: „Die sind für uns“ (90). Natürlich weiß auch Katczinsky um die Bedeutung der Särge – die Aussage Deterings untergräbt aber den Überlebenswillen der Soldaten, weshalb Katczinsky dagegen redet.

Katczinskys Tod

Kurz vor Ende des Krieges wird Katczinsky beim Essenholen angeschossen: „[D]as Schienbein scheint zerschmettert zu sein“ (252). Der Verwundete schätzt seine Situation richtig ein („Jetzt noch – gerade jetzt noch –“, 252), Paul Bäumer versucht noch abzuwiegeln („Du bist erst mal gerettet“, ebd.). Er kann den Verwundeten nicht allein lassen und entscheidet sich deshalb dafür, ihn in Sicherheit zu bringen. Er nimmt seinen Kameraden mit, indem er ihn auf dem Rücken trägt. Auf dem Weg in ein Lazarett machen die beiden ab und zu Pause und erinnern sich an ihre gemeinsamen Kriegserlebnisse: „Weißt du noch, Kat, wie wir die Gans requirierten? Und wie du mich aus dem Schlamassel holtest, als ich noch ein kleiner Rekrut und zum erstenmal verwundet war?“ (254). Sie beschließen, sich nach Kriegsende wiederzusehen. Unterwegs geht es Katczinsky schlechter, was der Erzähler auf die Schussverletzung zurückführt. Paul Bäumer versucht alles, um seinen Freund möglichst schnell und unbeschadet zu den Ärzten zu bringen. Kurz vor seinem Ziel denkt er noch: „Kat ist geborgen“ (255). Dort erfährt er allerdings, dass Katczinsky tot ist – gestorben an einem Granatsplitter, der ihn unterwegs am Kopf getroffen hat.

Unteroffizier Himmelstoß

Typ des „kleinen Mannes“	
	➟ Himmelstoß steht für den typischen „kleinen Mann“, der im Heer eine gewisse Macht über andere bekommt und diese ausnützt. ➟ Er ist der Ausbilder von Paul Bäumer und seinen Kameraden. Er schindet sie über Gebühr; sie erkennen aber später, dass ihnen dies an der Front nützlich gewesen ist. ➟ Die jungen Soldaten rächen sich für die grobe Behandlung, die sie durch Himmelstoß erfahren haben, auf ebenso derbe Weise. ➟ Als Himmelstoß an die Front kommt, spielen seine ehemaligen Schüler Vorgesetzte. ➟ Als Himmelstoß sich vor der Teilnahme an den Kampfhandlungen drückt, will Paul Bäumer ihn zwingen mitzumachen.

Himmelstoß als Typ

Auch Himmelstoß ist nur ein Typ. Zwar wird er äußerlich genau beschrieben („Ein kleiner, untersetzter Kerl, der zwölf Jahre gedient hatte, mit fuchsigem, aufgewirbeltem Schnurrbart“, 26). Doch sein Vorname, sein Alter und sein Familienstand bleiben unbekannt, man erfährt lediglich, dass er im Zivilberuf Briefträger ist. Als Unteroffizier gehört er zwar zu den niederen militärischen Rängen, kann aber Rekruten ausbilden. Das Verhalten von Himmelstoß ist typisch für das vieler Menschen in der damaligen Zeit, vor allem im Militär: buckeln nach oben („Himmelstoß hört den Vorgesetzten, sieht sich erwachend um und schließt sich an“, 120), treten nach unten („Er galt als der schärfste Schinder des Kasernenhofes“, 26).

Der Ausbilder Himmelstoß als „Schleifer“

Himmelstoß wird als Ausbilder von Paul Bäumer und seinen Freunden vorgestellt. Dabei geht er recht rau mit den Neulingen um. Im Roman wird er als typischer

Schleifer vorgestellt, der – allzu sehr von sich überzeugt – die jungen Männer schikaniert:

> „Ich habe in zwanzigstündiger Arbeit – mit Pausen natürlich – ein Paar uralte, steinharte Stiefel so butterweich geschmiert, daß selbst Himmelstoß nichts mehr daran auszusetzen fand; – ich habe auf seinen Befehl mit einer Zahnbürste die Korporalschaftsstube sauber geschrubbt; – Kropp und ich haben uns mit einer Handbürste und einem Fegeblech an den Auftrag gemacht, den Kasernenhof vom Schnee reinzufegen, und wir hätten durchgehalten bis zum Erfrieren, wenn nicht zufällig ein Leutnant aufgetaucht wäre, der uns fortschickte und Himmelstoß mächtig anschnauzte." (26 f.)

Himmelstoß schikaniert daraufhin die jungen Männer umso mehr, er lässt sie Wache schieben, Stubendienst tun und militärische Übungen vollführen. Die Rekruten rächen sich auf ihre Weise: Sie schütten, scheinbar zufällig und unvermeidbar, Himmelstoß den Inhalt eines Latrineneimers über die Füße, so dass dieser beschmutzt, stinkend und vor den anderen bloßgestellt im Kasernenhof steht. Er ärgert sich schwarz, hat aber keine Möglichkeit, die Soldaten zur Rechenschaft zu ziehen.
Auch Tjaden hasst Himmelstoß, weil dieser nicht einsieht, dass sein Bettnässen keine böse Absicht ist. Himmelstoß glaubt fest daran, den Bettnässer umerziehen zu müssen – und quartiert Tjaden zusammen mit einem anderen Bettnässer in ein Doppelzimmer mit Stockbett ein. Himmelstoß nennt das „Selbsterziehung" (45), weiß aber nicht, dass einer von den beiden immer auf dem Fußboden schläft.
Nach all der Schmach beschließen Kropp, Haie Westhus Tjaden und Bäumer, sich an Himmelstoß zu rächen. Eines Abends nach dem Wirtshausbesuch lauern sie ihm auf und nehmen ihn in die Mangel. Auf offener Straße werfen sie ein Betttuch über Himmelstoß und verprügeln ihn.
Diese Szenen zeigen die Situation beim Militär: den unmenschlichen Umgang mit den Untergebenen einerseits und deren primitive Rachegelüste andererseits.

Himmelstoß an der Front

Später muss auch Himmelstoß an die Front und trifft seine ehemaligen Zöglinge wieder. Dabei nimmt er seine alten Verhaltensweisen wieder auf, indem er sie ab-

fällig duzt, ohne es zu bemerken. Diese machen sich über ihn lustig, Tjaden zeigt ihm sein nacktes Hinterteil und sagt ihm dazu das „bekannteste [...] Klassikerzitat" (76), worauf Himmelstoß mit dem Kriegsgericht droht. Zwar führt nur Leutnant Bertinck die Untersuchung, doch auch er nimmt sich der Sache genau an und lässt Zeugen aussagen. Schließlich werden Tjaden und Kropp verhört und verurteilt, wobei sie aber nur drei Tage Mittelarrest bzw. einen Tag Arrest bekommen, geringe Strafen also, weil klar ist, dass Himmelstoß sich falsch verhalten hat.
Später trifft der Ich-Erzähler noch einmal in einem Unterstand auf seinen ehemaligen Ausbilder. Dieser hat einen Angstkoller angesichts der Kämpfe draußen. Der Erzähler sieht aber nicht ein, dass die jungen Soldaten kämpfen und Himmelstoß sich drücken und im Unterstand bleiben kann. Er fasst ihn grob an und will ihn ebenfalls ins Gefecht schicken, wobei der Hass des Erzählers auf Himmelstoß deutlich wird. Letztlich hilft aber ein vorbeikommender Leutnant, die Situation zu deeskalieren und Himmelstoß in Sicherheit zu bringen. Über sein Schicksal ist weiter nichts bekannt.

Klassenlehrer Kantorek

Befürworter des Krieges	→ ... steht für die staatstragende Schicht im Kaiserreich und befürwortet den Krieg. → ... stellte für seine Schüler eine Autoritätsperson dar, der sie gehorchten und sich deshalb „freiwillig" zum Kriegsdienst meldeten. → ... lehrte seinen Schülern Bildungsinhalte, die in der Kriegszeit völlig bedeutungslos geworden sind. → ... muss schließlich selbst an die Front und macht sich dabei zum Gespött seiner ehemaligen Schüler.

Kantoreks Funktion im Roman

Auch Kantorek ist nur ein Typ, der keine individuellen Merkmale zeigt. Er fungiert als Vertreter des Bürgertums, das dem Krieg positiv gegenüberstand, selbst jedoch keine Ahnung hatte, wie es an der Front zugeht.
Als Klassenlehrer Bäumers und seiner Freunde hat er durch patriotische Reden dafür gesorgt, dass sich die jungen Männer freiwillig zum Kriegsdienst meldeten.

Kantorek als fragwürdige Autorität

Kantorek wird beschrieben als „ein strenger, kleiner Mann in grauem Schoßrock, mit einem Spitzmausgesicht“ (15). Für seine Schüler stellte er eine Autorität dar, der sie zu Schulzeiten vertrauten. Der Ich-Erzähler reflektiert dann aber:

> „Doch der erste Tote, den wir sahen, zertrümmerte diese Überzeugung. Wir mußten erkennen, daß unser Alter ehrlicher war als das ihre; sie hatten vor uns nur die Phrase und die Geschicklichkeit voraus. Das erste Trommelfeuer zeigte uns unseren Irrtum, und unter ihm stürzte die Weltanschauung zusammen, die sie uns gelehrt hatten.“ (17)

Noch im Krieg hält Kantorek an seiner Überzeugung fest, wie man aus den Briefen ersehen kann, die er Kropp schreibt und in denen er seine ehemaligen Schüler als die „eiserne Jugend“ (22) bezeichnet.
Je länger der Krieg dauert, desto irrelevanter und lächerlicher erscheint den Soldaten, was sie als Schüler von Kantorek gelernt haben. Sie machen sich auch über diese Bildungsinhalte lustig, wobei sie ihren ehemaligen Lehrer in Fragestellung und Ton nachahmen („Was hältst du eigentlich von der dreifachen Handlung im Wilhelm Tell?“ […], „Was waren die Ziele des Göttinger Hainbundes?“ […], „Wieviel Kinder hatte Karl der Kühne?“ […], „Aus Ihnen wird im Leben nichts, Bäumer“, 78).

Kantorek an der Front – eine lächerliche Figur

Später muss auch Kantorek an die Front. Als Landsturmmann trifft er auf seinen ehemaligen Schüler Mittelstaedt, der nun aber sein Vorgesetzter ist und dies auch deutlich signalisiert: „Landsturmmann Kantorek, Dienst ist Dienst und Schnaps ist Schnaps, das sollten Sie selbst am besten wissen. Nehmen Sie Haltung an, wenn Sie mit einem Vorgesetzten reden.“ (156) Während Kantorek sich anbiedert und ein eventuell mögliches Notexamen ins Spiel bringt, erinnert Mittelstaedt ihn an den Tod Behms, für den er ihn verantwortlich macht.
Mittelstaedt demütigt Kantorek auch als Soldaten. Er hat ihm eine Uniform zuteilen lassen, die ihm überhaupt nicht passt: eine viel zu kurze Hose, ein zu großes Oberteil, uralte, ausgetretene und völlig überdimensionierte Schuhe sowie eine viel zu kleine Mütze – alles in allem ein „erbarmungswürdiger“ Gesamteindruck (vgl. 157). Sehr zur Freude der ehemaligen Klassenkamera-

den erinnert Mittelstaedt seinen Lehrer Kantorek an dessen eigene Worte, indem er ihn auf die gleiche Art und Weise tadelt. Auch dass er Kantorek zum Gruppenführer bestimmt hat, entspringt seinen Rachegelüsten: Da sich der Gruppenführer immer vor seiner Gruppe bewegen muss, hat Kantorek bei einem Richtungswechsel immer den weitesten Weg zurückzulegen – und Mittelstaedt sorgt für ständige Richtungswechsel, so dass Kantorek „hin und her [spritzt] wie ein aufgescheuchtes Wildschwein“ (159).

Die Thematik

Die Darstellung des Krieges

Die Darstellung des Krieges im Roman *Im Westen nichts Neues*

- Der Roman besteht aus einzelnen Episoden, die durch die Kriegsthematik und das Personal zusammengehalten werden.
- Zeit und Ort der Handlung sind nicht exakt nachzuvollziehen.
- Der Ich-Erzähler erzählt aus der Sicht des einfachen Soldaten.
- Im Mittelpunkt stehen die Auswirkungen des Krieges auf die Soldaten, nicht militärische Strategien oder Kriegshandlungen.
- Die Darstellung der Auswirkungen des Krieges auf die Menschen führt dazu, dass der Leser den Krieg ablehnen muss.
- Wichtige Szenen im Roman, die eine Beurteilung des Kriegsgeschehens zulassen, sind die Duval-Episode sowie das Gespräch der Soldaten über den Nutzen des Krieges.

Erzählweise

Remarques Roman *Im Westen nichts Neues* behandelt die Kriegsjahre von 1916 bis 1918. Die einzelnen Handlungsteile werden weitgehend chronologisch erzählt, eine Ausnahme bilden die Einschübe, die der Reflexion dienen oder als Rückblicke gestaltet sind. Eine zusammenhängende Handlung, eventuell mit einem besonderen Spannungsbogen, entsteht dabei aber nicht; es handelt sich um eine lose Reihung von Einzelszenen. Lediglich die Figuren des Ich-Erzählers und seiner Kameraden verbinden die einzelnen Episoden, die mit dem Krieg zu tun haben bzw. typische Situationen aus dem Krieg veranschaulichen. Diese Szenen sind nicht genauer verortet, weder regional noch historisch. Es ist z.B. nicht angegeben, in welchem Abschnitt der Westfront sich Paul Bäumers Kompanie genau befindet, wer neben ihnen stationiert ist, wer die Einheiten befehligt usw. Es sind auch nicht die für Kriegstagebücher üblichen genauen Datumsangaben vorhanden. Der Erzähler gibt allenfalls Hinweise auf Tageszeiten, Jahreszeiten oder allgemein auf den Verlauf der Zeit.

Der Leser bleibt über die Fakten weitgehend im Unklaren, was offenbar der Absicht des Autors entspricht. Remarque wollte eben kein Kriegstagebuch im Stil von Edlef Köppens *Heeresbericht* schreiben (siehe S. 69 ff.), ihm ging es darum, die Stimmung zu beschreiben, die durch den Krieg entsteht. Er wollte zeigen, dass der Krieg die Menschen aus der Bahn wirft, ihr Leben verändert und dass dies nicht nur einen bestimmten Frontabschnitt, sondern sämtliche Menschen – an der Front, in der Etappe und in der Heimat – betrifft.
Das daraus resultierende Stimmungsbild dürfte der Grund dafür ein, dass der Roman auch über Deutschland hinaus so große Resonanz gefunden hat – Kriegserlebnisse sind oft auf beiden Seiten der Front ganz ähnlich.

Erzählperspektive

Das Romangeschehen wird nicht von einem allwissenden Erzähler wiedergegeben, sondern von einem Ich-Erzähler. Dieser schreibt aus der Sicht der einfachen Soldaten Paul Bäumer und hat deshalb einen eingeschränkten Blick auf die militärische und politische Situation. Auch das führt dazu, dass es im Roman mehr um Befindlichkeiten, nicht die „großen" politischen Themen geht, die allenfalls am Rande erwähnt werden.

Thematik

Im Mittelpunkt des Romans steht deshalb nicht das Kriegsgeschehen, nicht die Strategie der Befehlshaber, sondern das, was die Soldaten betrifft: ihre Empfindungen im Krieg, ihre Stimmung, ihre Ängste und Hoffnungen. Es wird auch von den scheinbar „normalen" Phasen, z. B. in der Etappe hinter der Front oder beim Heimaturlaub, erzählt. Im Mittelpunkt der Darstellung steht aber immer wieder die Veränderung der jungen Männer durch den Krieg – ihre neue Ausdrucksweise, die anderen Dinge, die wichtig werden (wichtiger als das, was man in der Schule gelernt hat), ein anderer, kameradschaftlicher Umgang miteinander usw.
Aber auch das Gefühl, nie mehr ein „normales" Leben, also ein bürgerliches Leben ohne Krieg, führen zu können, sowie das Gefühl, durch den Krieg völlig verändert worden, entwurzelt, verroht zu sein, werden thematisiert.

Die Funktion der Typen …

Die Figuren sind bis auf wenige Ausnahmen recht grob gezeichnet und meist nur Typen: Tjaden ist verfressen, Müller der etwas naive Streber, der noch an sein Notabitur glaubt, Leer wirkt durch seinen Bart älter und hat schon sexuelle Erfahrung, Detering wird als Bauer dargestellt, der nur an seinen Hof und seine Frau denkt und das Leid der schreienden Pferde nicht ertragen kann. Den jungen Rekruten, die teilweise Klassenkameraden von Paul Bäumer sind, ist gemeinsam, dass sie keinen Anker von früher in der zivilen Nachkriegswelt haben. Sie haben weder Frauen noch Kinder, noch einen Arbeitsplatz, wohin sie nach Kriegsende zurückkehren könnten. Dementsprechend trostlos ist ihre Zukunft – ungeachtet dessen, wie der Krieg für sie persönlich enden wird.

… und Charaktere

Nur einige Hauptpersonen sind differenzierter, als Charaktere, dargestellt. Da ist zum einen Katczinsky. Er wird vorgestellt als einfacher Mann, aber unverzichtbar im Krieg, weil er aus jeder Situation an der Front und in der Etappe das Beste macht, sich und seinen Kameraden helfen kann, Nahrung selbst da auftut, wo es keine mehr zu geben scheint usw. Auch über den Ich-Erzähler erfährt der Leser Genaueres, was mit der gewählten Erzählperspektive zu tun hat. Paul Bäumer reflektiert zuweilen sein Leben und gewährt damit dem Leser intimere Einblicke. So erfährt man mehr von seinen Träumen, Hoffnungen und Interessen als Schuljunge, z. B. der Vorliebe für zeitgenössische Literatur und den eigenen Schreibversuchen. Man lernt auch seine Zukunftsvorstellungen kennen bzw. seine Hoffnungslosigkeit und seine Furcht, die eigene Zukunft, falls er denn eine haben würde, angesichts der erfahrenen Kriegsgräuel gar nicht bewältigen zu können.

Im Hinblick auf die Personen zeigt sich, dass diese sehr bewusst gewählt und gestaltet sind. *Im Westen nichts Neues* thematisiert nicht bloß irgendwelche zwischenmenschlichen Beziehungen und charakterliche Stärken oder Schwächen. Es geht im Roman vor allem um den Krieg und seine Auswirkungen auf die Menschen. Die Figuren veranschaulichen dabei sowohl die verschiedenen Haltungen, Standpunkte und Lebenssituationen als auch ihr unterschiedliches Eingebundensein in den Krieg, ihr jeweils verschiedenes Leiden am Krieg oder auch ihr Hoffen auf baldigen Frieden (durch einen Sieg). Mit dieser Methode gelingt es Remarque, die verschiedenen Dimensionen des Krieges zu zeigen und – indem sie beispielhaft an Romanfiguren gekoppelt sind – dem Leser nahezubringen.

Auswirkungen des Krieges auf die Menschen

Der Roman verdeutlicht die Auswirkungen des Krieges auf die Menschen.

- Da sind zum einen die jungen Soldaten um Paul Bäumer. Sie haben die Schule abgebrochen und sind freiwillig in den Krieg gezogen; vom Leben haben sie noch nicht viel kennengelernt. Die meisten von ihnen fallen im Krieg.
- Unter dem Krieg und seinen Auswirkungen leiden auch die Menschen in der Heimat. Am Beispiel von Paul Bäumers Mutter wird deutlich, dass die Zivilisten oft doppelt leiden. Zum einen weil ihnen wichtige Grundnahrungsmittel fehlen und sie ein Leben voller Entbehrungen führen müssen, zum anderen weil sie sich um ihre Angehörigen sorgen, die an der Front Dienst tun.
- Manche Zivilisten, z. B. der Direktor (vgl. 149), die die Situation an der Front nicht aus eigener Anschauung kennen, hoffen auf einen Sieg Deutschlands und vertreten ihre Ansicht blauäugig, aber ziemlich offensiv. Sie träumen von deutschen Annexionen und von einem Siegfrieden, als schon längst klar ist, dass der Krieg für Deutschland nicht mehr zu gewinnen ist. Die Szene von Paul Bäumers Heimaturlaub zeigt solche Denkweisen.

Durch die Art der Darstellung wird deutlich, dass Remarques Sympathie auf Seiten der Soldaten und ihrer Familien liegt. Sie – und nicht die Besserwisser und Klugschwätzer, die vom Siegfrieden schwadronieren – sind positiv gezeichnet.

Die Duval-Episode

Eine besondere Kampfsituation „Mann gegen Mann" wird in der Duval-Episode beschrieben. Der französische Soldat Gérard Duval fällt in den Bombentrichter, in dem sich Paul Bäumer versteckt hält. Bäumer reagiert ins-

tinktiv mit einer Abwehrreaktion und ersticht den Franzosen, der aber noch eine Weile am Leben bleibt. In der Zeit seines Sterbens setzt sich der Ich-Erzähler mit seinem Gegner und der Situation, in der sie sich beide befinden, auseinander. Dabei wird deutlich, dass Paul Bäumer zuerst so reagiert, wie wohl jeder Soldat in seiner Situation reagiert hätte. Er denkt an die Abwehr des Gegners sowie an seinen eigenen Schutz. Nur so ist seine spontane Reaktion auf das Auftauchen des Franzosen zu erklären.
Doch bald wird Bäumer klar, was er angerichtet hat; dass er einen Menschen getötet hat, einen Soldaten, wie er selbst einer ist. Der Ich-Erzähler schildert die Situation im Trichter ganz drastisch: „Der andere röchelt. Es scheint mir, als ob er brüllt, jeder Atemzug ist wie ein Schrei, ein Donnern […]. Ich möchte ihm den Mund zuhalten, Erde hineinstopfen, noch einmal zustechen, er soll still sein“ (192). Weil der tödlich verwundete Franzose aber nicht still ist, kriecht der Ich-Erzähler „in die entfernteste Ecke […] die Augen starr auf ihn gerichtet, das Messer umklammert“ (ebd.). Doch er erkennt auch, dass von diesem keine Gefahr mehr ausgeht („aber er wird nichts mehr tun, das höre ich schon an seinem Röcheln“, ebd.).

Diese Szene schildert die unmittelbaren Auswirkungen des Krieges aus der Sicht des Täters, des Soldaten Paul Bäumer, nicht aus der Perspektive der Heeresleitung, in deren Statistik der Ausgang der geschilderten Situation lediglich eine Zahl wäre. Dabei wird deutlich, dass Bäumer keineswegs stolz auf seine Tat ist. Ganz im Gegenteil: Er hat tiefes Mitgefühl für den französischen Soldaten, der für ihn kein Namenloser mehr ist, sobald er dessen Ausweis findet. Paul Bäumer macht sich nun schwere Vorwürfe, gelobt, sich um die Familie Duvals zu kümmern, und verfällt dabei in eine fast kindlich anmutende Schuld-Sühne-Vorstellung.

Kritischer Blick auf die Verantwortlichen

Eine kritische Sicht auf den Krieg zeigt sich auch, wenn die Personen des Romans nach den Verantwortlichen fragen, wobei auch hier der „Blick von unten“ als Perspektive gewählt ist. Die Ergebnisse der Unterredung zeigen, dass selbst die Soldaten erhebliche Zweifel an der

Sinnhaftigkeit ihres Tuns haben. Teilweise grotesk wirkende Aussagen zum Krieg werden vom Leser als Kritik aufgenommen, etwa wenn Tjaden auf Alberts Erklärung, dass ein Krieg entsteht, weil „ein Land ein anderes schwer beleidigt" (181), nachfragt: „Ein Land? Das verstehe ich nicht. Ein Berg in Deutschland kann doch einen Berg in Frankreich nicht beleidigen." (Ebd.) Auch die Erkenntnis, dass diesseits wie jenseits der Grenze „die meisten Menschen [...] Arbeiter, Handwerker oder kleine Beamte" (182) sind und es nicht einsehbar ist, weshalb „nun wohl ein französischer Schlosser oder Schuhmacher uns angreifen" (ebd.) sollte, wirkt in seiner Hinterfragung des scheinbar Selbstverständlichen kritisch.
Das Gespräch der Soldaten kommt sehr schnell dahin, den Kaiser als den Verantwortlichen für den Krieg zu benennen. Hier wird die Argumentation Katczinsky in den Mund gelegt, der ja als erfahren gilt. Er sagt: „Und jeder größere Kaiser braucht mindestens einen Krieg, sonst wird er nicht berühmt" (182). Auch wenn man die Argumentation gelten lassen muss, ist doch das genannte Motiv mehr als fragwürdig. Die Rolle des Kaisers am Krieg wird hier kritisch gesehen – auch dies zeigt, dass der Verfasser den Krieg ablehnt.

Die Erwartung der Zivilisten in der Heimat

Die Einschätzung des Krieges bzw. der Möglichkeiten des deutschen Heeres durch die Zivilisten im Reich werden als vollkommen realitätsfremd dargestellt. Es ist die Rede davon, dass man den „Franzmann verkloppen" (149) solle. Dies ist, wie man aus den authentisch wirkenden Berichten Paul Bäumers erfahren kann, aber kaum möglich, zudem spricht die despektierliche Wortwahl gegen den Sprecher und seine Einschätzung der realen Möglichkeiten an der Front. Derart sich äußernde Zivilisten werden im Roman negativ dargestellt: Der Direktor, der für diesen Typus steht, gibt nur Plattheiten von sich, oft in der Form von Wiederholungen („Vorzüglich, vorzüglich", ebd.), er „lacht dröhnend" (ebd.), definiert sich und seinesgleichen über das Rauchen, den Alkoholkonsum und sein Alter, das Lebenserfahrung und Wissen suggerieren soll („Rauchen Sie? Hier, stecken Sie sich mal eine an. Ober, bringen Sie unserm jungen Krieger auch ein Bier", ebd.). Dazu passt, dass er sich anmaßt, besser als die Frontsoldaten über das Kriegsgeschehen Bescheid zu wissen („Sie sehen nur Ihren kleinen Abschnitt und haben deshalb keine Übersicht“, 150) und auch die militärische Strategie zu kennen, die zum Erfolg führen würde:

> „Der Direktor mit der eisernen Uhrkette will am meisten haben: ganz Belgien, die Kohlengebiete Frankreichs und große Stücke von Rußland. Er gibt genaue Gründe an, weshalb wir das haben müssen, und ist unbeugsam, bis die andern schließlich nachgeben. Dann beginnt er zu erläutern, wo in Frankreich der Durchbruch einsetzen müsse, und wendet sich zwischendurch zu mir: ‚Nun macht mal ein bißchen vorwärts da draußen mit eurem ewigen Stellungskrieg. Schmeißt die Kerle raus, dann gibt es auch Frieden.'“ (Ebd.)

Remarques Kritik am Krieg wird hier vor allem über die Romanfiguren bzw. deren völlig weltfremde Siegeshoffnungen transportiert. Die glaubhaft wirkenden Aussagen des Ich-Erzählers Paul Bäumer sprechen eine ganz andere Sprache als das, was sich die fernab vom militärischen Geschehen befindlichen Zivilisten erträumen.

Der Krieg in *Heeresbericht* von Edlef Köppen

→ Der Autor Edlef Köppen entwickelte sich vom Befürworter des Krieges zum entschiedenen Gegner. Die Hauptperson seines Romans *Heeresbericht*, Adolf Reisiger, durchläuft die gleiche Entwicklung. → Reisiger ist Kriegsfreiwilliger und kämpft an der Westfront. Er wird verwundet, danach an die Ostfront verlegt, später kämpft er wieder an der Westfront. → Er steigt im hierarchischen System des Militärs immer weiter auf, entfernt sich aber gesinnungsmäßig immer weiter vom Kriegsgeschehen. → Am Ende des Romans landet Reisiger im Irrenhaus, weil er den Krieg als „Verbrechen“ bezeichnet. → Edlef Köppen verwendet die Montagetechnik, um den Krieg in seinem vollständigen Ausmaß darzustellen und als Irrsinn zu brandmarken.	Die Darstellung des Krieges in Edlef Köppens Roman

Der Roman *Heeresbericht*

Fast zeitgleich mit Remarques Roman erschien Edlef Köppens *Heeresbericht* im Jahr 1930 im Horen-Verlag. Er fand jedoch deutlich weniger Leser, wurde ebenfalls von den Nationalsozialisten 1933 verbrannt, 1935 verboten, dann für Jahrzehnte vergessen. Nachdrucke in verschiedenen Verlagen gab es in den Jahren 1976, 1979 und 2004, 2005 und 2012.

Kurzbiografie von Edlef Köppen

Edlef Köppen wurde 1893 bei Magdeburg geboren. Er entstammte einer Arztfamilie und besuchte das Gymnasium bis zum Abitur 1913. Dann studierte er Germanistik, Philosophie und Kunstgeschichte in Kiel und München. Köppen meldete sich 1914 freiwillig zum Kriegsdienst. Er kam an die Front, erst nach Frankreich, dann nach Russland, dann wieder nach Frankreich. Unter dem Eindruck der erlebten Gräuel hat er sich vom Befürworter des Krieges zu einem scharfen Kritiker gewandelt. Am Ende des Krieges war er verwundet; er hatte eine Lungenquetschung, die immer wieder Sanatoriumsaufenthalte nötig machte. Er arbeitete als Verlagslektor und Rundfunkredakteur. Später war er Dramaturg bei einer Filmproduktionsgesellschaft, wurde aber entlassen, weil er sich weigerte, der NSDAP beizutreten und nationalsozialistisches Gedankengut in den von ihm betreuten Filmen zu propagieren. Köppen starb 1939 an den Folgen seiner Kriegsverletzung im Alter von 45 Jahren.

Inhalt des Romans …

Köppens Roman spiegelt autobiografische Erfahrungen; die Hauptperson ist der 21-jährige Student Adolf Reisiger, wie der Autor ein Kriegsfreiwilliger. Reisiger kommt zur Artillerie und kämpft bis zu seiner Verwundung an der Westfront. Nach der Genesung wird er an die Ostfront verlegt, wo er im Rang eines Offiziersstellvertreters wieder bei der Artillerie dient. Erst nach dem Wegfall der Ostfront durch den Frieden von Brest-Litowsk 1918 kommt er, nun als Offizier, wieder nach Frankreich. Dort erlebt Reisiger, dass der Krieg immer brutaler und zugleich immer aussichtsloser wird. Seine Zweifel am Sinn des Krieges wachsen, am Ende steht für ihn der psychische Zusammenbruch: Er verweigert die weitere Teilnahme an Kriegshandlungen, und als er den Krieg als „das größte aller Verbrechen“ (*Heeresbericht*, 394) bezeichnet, sperrt man ihn ins Irrenhaus. Die letzten Worte des Romans auf S. 396 lauten: „Der Kranke schläft nicht, isst nicht, sieht starr vor sich hin. Wenn man mit ihm redet, hat er ständig nur einen Satz zur Antwort: ‚Es ist ja immer noch Krieg. Leckt mich am Arsch!'"

… und Gestaltung

Bemerkenswert an Köppens Roman ist die Erzählweise. Anders als Remarques Roman zeigt *Heeresbericht* deutliche Kennzeichen des modernen Romans der 1920er- und 1930er-Jahre: Vor allem durch die Montagetechnik gelingt es dem Autor, verschiedene Aspekte und Sichtweisen des Krieges einzufangen. Im damals neuartigen Stil eines James Joyce (*Ulysses*) oder Alfred Döblin (*Berlin Alexanderplatz*) sind in *Heeresbericht* zahlreiche Dokumente bzw. Textfragmente in das Ganze der Romanhandlung eingeschoben, die aus offiziellen Erlassen, Reden des Kaisers, zeitgenössischen Zeitungsartikeln, Werbeanzeigen, Briefen, Tagebuchaufzeichnungen usw. stammen.

Auch das Motto des Romans, abgedruckt auf der Vorsatzseite, ist in diesem Zusammenhang von Interesse. Es ist – einerseits – ein der Montagetechnik verpflichtetes Textzitat, andererseits ein Hinweis auf die ‚richtige' Lesart des Buches:

> „Oberzensurstelle Nr. 123 O.Z. 23.3.15:
> Es ist nicht erwünscht, dass Darstellungen, die größere Abschnitte des Krieges umfassen, von Persönlichkeiten veröffentlicht werden, die nach Maßgabe ihrer Dienststellung und Erfahrung gar nicht imstande gewesen sein können, die Zusammenhänge überall richtig zu erfassen. Die Entstehung einer solchen Literatur würde in weiten Volkskreisen zu ganz einseitiger Beurteilung der Ereignisse führen." (*Heeresbericht*, 6)

Sichtweisen des Krieges

Durch die perspektivische Brechung gelingt es Köppen, verschiedene Sichtweisen des Krieges darzustellen. Dieses Verfahren erlaubt es auch, eine kontrastive Wirkung zu entfalten, so dass offizielle Aussagen, die das Kriegsgeschehen rechtfertigen oder sogar glorifizieren, durch darauf folgende persönliche bzw. private Stellungnahmen, die die Gräuel des Krieges aufzeigen, ad absurdum geführt werden. Dabei hält sich der Autor mit eigenen Äußerungen zurück, die Gesamtstimmung entsteht durch die Zitate aus fremden Texten oder aus Tatsachenberichten aus dem Kriegsgeschehen.

Darstellung des Krieges anhand von Kapitel 7

Das 7. Kapitel des zweiten Teils zeigt exemplarisch, wie Köppen den Krieg darstellt. Es beginnt mit einer offiziellen Verlautbarung vom 21. August 1918, der zu entnehmen ist, dass französische Truppen in breiter Front angegriffen und beträchtliche Gebietsgewinne gemacht haben.

Der nächste Absatz stammt aus einer Dienstvorschrift aus dem Jahr 1917, die nur „für den Dienstgebrauch" (*Heeresbericht*, 372) bestimmt ist. Diese Vorschrift regelt den Beschuss der damals neuartigen „Panzerkraftwagen" (*Heeresbericht*, 371). Es wird davon ausgegangen, dass in der Regel die Panzer durch den üblichen Beschuss zum Halten gebracht werden und gar nicht an die deutschen Linien herankommen oder in diese eindringen können. Nur für diesen als selten angenommenen Fall gibt es dann weitere Instruktionen.

Schon hier wird deutlich, dass die Montagetechnik einen differenzierten Blick auf die Geschehnisse ermöglicht: Während die offiziellen, sachlich formulierten Mitteilungen oder Anweisungen in nüchternem Ton das Kriegsgeschehen zu regeln vorgeben, kommt es im Alltag der Soldaten anders:

> „Da kommen drei oder vier Reihen [Soldaten] hintereinander, aufrechter als sie, untergehakt, das Gewehr wie bei einer Treibjagd zwanglos unter dem Arm geklemmt, Amerikaner. So nahe, dass man die Gesichter erkennen kann. So nahe, dass man sieht, wie einzelne Gruppen lachen, hin und her schwanken, als ob sie im Tanzschritt gingen. Dort links treibt eine gesonderte Gruppe einen Fußball vor sich her. – […] von nichts gedeckt als von den Tanks." (*Heeresbericht*, 391)

Der dritte Abschnitt besteht aus einem Gedicht, das unter dem Pseudonym „Caliban" in der Berliner Zeitung *Der Tag* am 28. April 1918 veröffentlicht wurde. Dieses Gedicht mit dem Titel „Die furchbare Waffe" beschreibt in allegorischer Sprache die Bedeutung der Tanks für die englische und französische Armee und konstruiert den Fall, dass sie Deutschland in die Hände fallen würden. Hindenburg würde „lächelnd" (*Heeresbericht*, 373) auf diese Kriegsbeute verzichten, so der anonyme Autor des Gedichts, und nur mit dem „Schwert" (ebd.) kämpfen. Auch diese Einschätzung wird durch die folgende Darstellung der Realität widerlegt.

Abschnitt 4, wieder ein offizieller Bericht, leitet mit der Nennung der Ortschaft Blérancourt zur Reisiger-Handlung über, die in Abschnitt 5 beginnt. Es wird geschildert, wie die Soldaten untergebracht sind und wie eng Offiziere und Mannschaften zusammenleben. Das Kriegsgeschehen scheint weit weg zu sein, trotzdem hoffen alle auf ein baldiges Ende des Krieges und wollen nur noch nach Hause. An einen deutschen Sieg glaubt hier niemand mehr.

In Abschnitt 6 berichtet der Erzähler von Zetteln, die aus französischen Flugzeugen abgeworfen wurden und die deutschen Soldaten dazu auffordern, dem Krieg ein Ende zu bereiten – sei es durch Kapitulation, Desertion oder Rebellion.

Zu Beginn von Abschnitt 7 wechselt der Autor die Perspektive und lässt den Erzähler wieder aus der Sicht der deutschen Soldaten vom Leben in der Kalksteinhöhle, scheinbar weit ab vom Kriegsgeschehen, erzählen. Reisiger liest in einer Zeitung, in der eine Wurst eingepackt war, von der Freude des bayerischen Königs Ludwig über die Kriegserklärungen Russlands, Frankreichs und Englands, weil man nun – wie er meint – mit den Feinden „Abrechnung halten könne [...]“ (*Heeresbericht*, 378). Doch als Reisiger klar wird, dass diese Zeitung vom 6. Juni 1915 stammt, also zehn Monate nach Beginn des Krieges erschienen und damit etwa drei Jahre alt ist, verliert er seine Illusionen. Er erkennt (und durch die Montagetechnik mit ihm der Leser), dass sich die Situation grundlegend geändert hat und es für Freude über den Kriegsausbruch keinen vernünftigen Grund mehr gibt.

Im 9. Abschnitt spitzt sich das Geschehen zu: Die Tanks der Alliierten kommen in unmittelbare Reichweite – für die Soldaten in der Kalksteinhöhle unfassbar. Das Grauen des Krieges wird Realität:

> „Es beginnt ein Feuerüberfall des Feindes. Er muss auf die Sekunde genau von einigen Dutzend Batterien gleichzeitig eröffnet worden sein. Es pfeift, brüllt, klatscht, hagelt. Einer der ersten schweren Schüsse haut vor den Eingang der Höhle.“ (*Heeresbericht*, 382)

Dem haben die deutschen Soldaten nichts mehr entgegenzusetzen, sie können die Vorgänge nicht einmal richtig einordnen. Leutnant Schmidt hält das, was er sieht, lediglich für ein „anständiges Trommelfeuer" (ebd.). In Wirklichkeit handelt es sich bei diesem Beschuss aus den Tanks um den schwersten Angriff, den die Männer bisher erlebt haben. Ihr Handeln wird zunehmend unkontrollierter und chaotischer, ihre Versuche, sich in Deckung zu bringen oder zu fliehen, immer hilfloser. Am Ende ergeben sie sich unter dem Vorwand, die Verwundeten nicht alleine lassen zu können.

Im 10. Abschnitt (*Heeresbericht*, 389) wird beschrieben, wie Reisiger und mit ihm Feldunterarzt Winkel zu fliehen versuchen. Der Erzähler verwendet dabei alles, was dramatische Spannung erzeugt: Einwortsätze („Weiter"), Ausrufe („Deckung!"), Wiederholungen („So kriechen sie, kriechen"), wörtliche Rede („Sehen Sie etwas, Winkel?"), Umgangssprache („Eine ulkige Sache"), szenische Darstellung („Beide heben den Kopf, behutsam. Jetzt sind sie aus der Deckung heraus. [...] Und beide gleichzeitig ziehen den Kopf wieder ein"), erlebte Rede („Lieber Himmel, so viel Amerikaner gibt es gar nicht").

Der 11. Abschnitt gibt nur eine Zahlenangabe, die das Verhältnis zwischen deutschen und alliierten Truppen genau benennt: „7.057.000 Mann gegen 2.500.000 Mann" (*Heeresbericht*, 393). Damit wird für den Leser klar, dass die Übermacht, die in den vorhergehenden Abschnitten in ihren Auswirkungen auf die Soldaten gezeigt wurde, eine klare Zahlengrundlage hat, also nicht nur gefühlt, sondern nummerisch belegbar ist

Abschnitt 12 gibt die Aussagen des deutschen Industriellen Walther Rathenau wieder, die am 7. Oktober 1918 in der *Vossischen Zeitung* (Berlin) veröffentlicht wurden. Rathenau macht sich dabei für die Einziehung aller kriegstauglichen Männer (einschließlich derer, die auf Urlaub sind) sowie die Verlegung aller Truppenteile an die Westfront stark. Dies zeigt ebenso wie die folgenden Textauszüge, dass man auch in der Heimat einen deutschen Sieg nur mit erhöhten Anstrengungen, aber eigentlich kaum noch für möglich hält.

In Abschnitt 13 und 14 ist dann davon die Rede, dass es ein deutsches Friedensangebot geben soll. Dieses solle aber – Gründe dafür werden nicht genannt – von politischer, nicht „von militärischer Seite" (*Heeresbericht*, 394) ausgehen. Es wird allerdings aus der Notiz des Vertreters des Auswärtigen Amtes ersichtlich, dass das Friedensangebot ein dringendes Anliegen General Ludendorffs, also der militärischen Führung, war.

In Abschnitt 15 blendet das Geschehen wieder hinüber zu Reisiger, der Hauptperson des Romans. Er äußert dabei öffentlich seine Meinung und „erklärt, dass er den Krieg für das größte aller Verbrechen hält" (ebd.). Reisiger wird daraufhin verhaftet, für verrückt erklärt und im Festungslazarett Mainz auf der Nervenstation weggesperrt (Abschnitte 16 und 17). Den Abschluss des Romans bildet der ärztliche Befund vom 13. September 1918, der das Verhalten Reisigers beschreibt: „Der Kranke schläft nicht, isst nicht, sieht starr vor sich hin. Wenn man mit ihm redet, hat er ständig nur einen Satz zur Antwort: ‚Es ist ja immer noch Krieg. Leckt mich am Arsch!'" (*Heeresbericht*, 396)

Gestaltung der Hauptfigur

Aufschlussreich ist die Biografie Reisigers: Der Student Reisiger kommt als Kriegsfreiwilliger 1914 zu einem Feldartillerieregiment an die Westfront. Dabei wird er verwundet und wird nach seiner Genesung 1916 an der Ostfront eingesetzt. Im März 1918 machte es der Frieden von Brest-Litowsk möglich, große Truppenteile wieder an die Westfront zu verlegen. Reisiger ist als Leutnant der Reserve mit dabei. Als die deutschen Offensiven, die von März bis Juli 1918 an der Westfront stattfanden, keinen Erfolg hatten, mehren sich Reisigers Zweifel am Krieg. Obwohl er noch 1914 die Kriegsbegeisterung mit vielen Menschen seiner Generation teilte, zweifelt er nun immer mehr am Sinn des Krieges. Am Ende steht sein psychischer Zusammenbruch, der es ihm unmöglich macht, sich an weiteren Kriegshandlungen zu beteiligen, und ihn schließlich in die Nervenheilanstalt bringt.

Zusammenfassung

Insgesamt lässt sich Folgendes feststellen: Der Roman Köppens gewinnt seine literarische Qualität aus der Tatsache, dass er einer eindimensionalen Sicht auf den Ersten Weltkrieg gegensteuert. Der Wechsel der Erzählperspektive sowie die Montage verschiedener Texte, die aus verschiedenen Medien stammen, verschiedenen Gattungen angehören und eine unterschiedliche Einschätzung des Kriegsgeschehens zeigen, vermitteln dem Leser ein differenziertes Bild vom Krieg und fordern ihn heraus, das Gelesene für sich selbst zu reflektieren. Damit haben in Köppens Roman Propagandatexte ebenso ihre Berechtigung wie offizielle Verlautbarungen, Reden des Kaisers, journalistische Texte oder erzählende Passagen, die eine Innensicht der Personen ermöglichen.

Der Krieg im Tagebuch *In Stahlgewittern* von Ernst Jünger

Die Darstellung des Krieges

- Ernst Jünger war im Ersten und im Zweiten Weltkrieg an der Westfront aktiv – zuletzt als Hauptmann.
- Die Tagebuchaufzeichnungen *In Stahlgewittern* berichten von den Ereignissen im Ersten Weltkrieg.
- Im Kapitel „Die Doppelschlacht von Cambrai" beschreibt Ernst Jünger ganz realistisch die Ereignisse vom November/Dezember 1917 an der Westfront.
- Der Einzelne wird als handelndes Subjekt dargestellt.
- Gegenüber den Gefallenen aus den eigenen Reihen oder auf Seiten des Gegners zeigt sich der Erzähler mitleidlos.
- Der Krieg wird in den Kreislauf des ewigen „Stirb und werde" eingeordnet
- Die Sprache der Aufzeichnungen verharmlost die Schrecken des Krieges; beschönigende Umschreibungen und exakte Fachbegriffe stehen für die Authentizität des Textes.
- Der Krieg wird – wohl aus eigener Erfahrung und Anschauung des Autors – aus der Sicht eines Kompanieführers beschrieben.

Der Autor Ernst Jünger

Ernst Jünger wurde 1895 in Heidelberg als Sohn des Chemikers Ernst Georg Jünger und seiner Frau Karoline geboren. Nach Abschluss der Realschule 1913 verpflichtete er sich bei der Fremdenlegion, wurde aber von seinem

Vater, dem er dafür zu jung war, zurückgeholt und in einem Internat untergebracht. Nach dem Notabitur meldete sich Ernst Jünger 1914 zum Kriegsdienst und wurde an der Westfront eingesetzt. Mehrfach verwundet stieg Jünger in der militärischen Hierarchie schnell auf und erhielt einige Auszeichnungen, z. B. das Eiserne Kreuz erster Klasse. Während des Krieges führte Jünger genau Tagebuch; seine Eintragungen dienten ihm später als Grundlage für sein erstes Werk *In Stahlgewittern* (1920). Jünger studierte ab 1923 in Leipzig Zoologie und Philosophie, machte aber nie einen universitären Abschluss, sondern lebte als freier Schriftsteller. Auch im Zweiten Weltkrieg diente Ernst Jünger an der Westfront, nach Ende des Krieges widmete er sich bis zu seinem Tod 1998 seinem literarischen Werk, das international weit verbreitet ist und in viele Sprachen übersetzt wurde. Jünger machte aus seiner nationalistischen Grundeinstellung nie ein Geheimnis, z. B. wenn er sich gegen die Weimarer Republik positionierte. Er distanzierte sich aber früh vom Nationalsozialismus, der ihm zu pöbelhaft erschien. Ob er durch seine Schriften trotzdem als Wegbereiter Hitlers gelten muss, ist in der Forschung nach wie vor umstritten.

In Stahlgewittern – ein Kriegstagebuch

In Stahlgewittern ist das Kriegstagebuch eines fiktiven Ich-Erzählers. Dieser berichtet darin von seinen Erfahrungen und Erlebnissen im Ersten Weltkrieg, angefangen von dem Moment im Januar 1915, als er als Freiwilliger zur Truppe kam, bis zum Ende des Krieges im August 1918. Das Kapitel „Die Doppelschlacht bei Cambrai" (229–246) beschreibt die historischen Ereignisse im November und Dezember 1917 bei Cambrai aus der Sicht eines deutschen Kompanieführers. Bei der Schlacht vom 20. November setzten die britischen Truppen erstmals die neuartigen Tanks ein und machten dabei schnell große Gebietsgewinne und viele deutsche Gefangene. Der Sieg der Engländer hielt aber nicht lange an, da sie Probleme mit ihrem Nachschub hatten. Schon Tage später gelang es den deutschen Truppen, viele der soeben verlorenen Gebiete zurückzuerobern. Man geht davon aus, dass in dieser Schlacht 41 000 deutsche und 45 000 britische Soldaten ums Leben gekommen sind.

Genaue Zeit- und Ortsangaben

Ernst Jünger hat die Schlacht von Cambrai selbst als Anführer der 7. Kompanie erlebt. Er hat Kenntnis von der Strategie der Kriegsführung, ist nicht nur ein untergeordneter Beteiligter. Die Darstellung in seinem Kriegstagebuch ist immer realistisch. So gibt der Erzähler genaue Zeit- und Ortsangaben, wie das Beispiel vom Beginn des Kapitels zeigt: „Die schönen Tage von Tourcoing waren bald vorbei. Wir lagen noch kurze Zeit in Villers-au-tertre, wo wir Ersatz bekamen, und fuhren am 15. November 1917 nach Lécluse" (*In Stahlgewittern*, 229). Diese Exaktheit bei den Fakten zieht sich durch den ganzen Text: „.von Seen umkränztes Dorf des Artois" (*In Stahlgewittern*, 229 f.), „Am 19. November besichtigte ich mit meinem Zugführer (230), „... die sich von 11.45 Uhr bis 11.50 Uhr zum Trommelfeuer verdichteten" (231), „Um drei Uhr bekamen wir Befehl" (231 f.), „Punkt sieben Uhr traten wir in der bestimmten Reihenfolge in langer Schlange an" (235) usw.

Charakteristik des Ich-Erzählers: Anführer einer Kompanie ...

Genaue Angaben macht der Ich-Erzähler auch zu seiner eigenen Person. Er beschreibt sich als Anführer einer Kompanie („von Leuten meiner Kompanie") (*In Stahlgewittern*, 230), er gibt Befehle („[...] und traf in der eigentümlichen Stimmung, die jedem Angriff vorausgeht, die letzten Anordnungen") (*In Stahlgewittern*, 235), hat auch Verfügungsgewalt über die Kriegsgefangenen („Ich ließ sie mit der Aufforderung: ‚Hands down!' passieren") (*In Stahlgewittern*, 236) und kann den eigenen Soldaten Wohltaten erweisen („Ich legte wie ein alter Landsknechtführer eine kleine Pause zum Plündern ein") (*In Stahlgewittern*, 237).

In Bezug auf die Leistungsfähigkeit seiner Kompanie zeigt der Tagebuchschreiber Optimismus: „Ich setzte [...] Vertrauen in meine Kompanie; sie hatte noch nie versagt" (*In Stahlgewittern*, 230) bzw. „Mit Recht durfte ich stolz auf meine Leute sein. Kaum achtzig Mann hatten ein langes Grabenstück erobert, eine Menge Maschinengewehre, Minenwerfer und Material erbeutet und zweihundert Gefangene gemacht." (*In Stahlgewittern*, 245)

... scheinbar ohne Angst und Schwäche

Der Tagebuchschreiber ist scheinbar furchtlos, ein harter Bursche, dem keine Angst oder Schwäche anzumerken ist („Trotz der Kälte legte ich mich auf eine Wiese",

231), („Nachdem wir den Angriff von der Höhe des Schloßparks aus mit Spannung verfolgt hatten, leerten wir ein Kochgeschirr Nudeln und legten uns zu einem Nachmittagsschlaf auf den gefrorenen Boden", ebd.). Er ist immer Herr der Lage und aktiv handelnd („führte ich die Kompanie in ein Trichterfeld", 232), wie die Häufung des Personalpronomens „ich" zeigt:

> „Nachdem **ich** mit den schwerbepackten Leuten lange Zeit in der Stellung umhergeirrt war, entdeckte ein Mann an einem kleinen, nach vorn abzweigenden Graben, der durch Spanische Reiter gesperrt war, ein Schild mit der halbverwischten Aufschrift ‚Drachenweg'. Als **ich** hineinging, hörte **ich** schon nach wenigen Schritten fremdartiges Stimmengewirr. Leise schlich **ich** zurück. **Ich** war auf die Spitze des englischen Angriffskeils gestoßen, die sich offenbar, sei es aus Verwirrung oder Sorglosigkeit, wenig vorsichtig verhielt. **Ich** ließ den Graben sofort durch eine Gruppe absperren."
> (*In Stahlgewittern*, 234. – Hervorhebungen C. G.)

... mitleidslos mit Gegnern und eigenen Leuten

Gegenüber den Gefallenen aus den eigenen Reihen oder des Gegners zeigt sich der Tagebuchschreiber mitleidslos („Er hatte einen jener Herzschüsse empfangen, durch die man in einer Haltung hingestreckt wird, die der des Schlafes gleicht", 238, „Ich konnte während dieser Minuten die Toten, über die ich bei jedem Sprung hinwegsetzte, ohne Schauder sehen. Sie lagen alle in der entspannten und weich hingegossenen Haltung da, die den Augenblicken eigentümlich ist, in denen das Leben sich verabschiedet", 242). Der Erzähler benützt in diesem Zusammenhang sogar in verharmlosender Weise Begriffe aus der Welt des Spiels und des Sports: „Den zusammengesackten Körper des Gegners streifte kaum ein Blick; der hatte ausgespielt, ein neues Duell begann" (241) bzw. „Der Handgranatenwechsel erinnert an das Florettfechten; man muß dabei Sprünge machen wie beim Ballett." (Ebd.)

Kein Mitleid, aber zumindest Interesse am Zustand des anderen zeigt der Erzähler gegenüber höherrangigen Militärs: „Als ich mich nach seinem Ergehen erkundigte, war er imstande, mir in zusammenhängenden Sätzen zu antworten. Ich hatte den Eindruck, daß die tödliche Wunde ihm keine Schmerzen bereitete" (239). Doch auch auf den Tod eines Militärbefehlshabers reagiert er meist nur fassungslos, aber ohne wirkliche Empathie:

> „Die Nachricht schlug mich vollends zu Boden. Ein Freund von hohen Eigenschaften, mit dem ich jahrelang Freud, Leid und Gefahr geteilt und der mir vor wenigen Minuten noch ein Scherzwort zugerufen hatte, sollte durch ein winziges Stück Blei sein Ende gefunden haben! Ich sträubte mich, es zu fassen; doch war es leider nur zu wahr." (243)

… aber interessiert an militärischen Ehrungen

Wichtig sind dem Tagebuchschreiber aber militärische Auszeichnungen, die für besondere Leistungen im Krieg verliehen werden. Er ist stolz, wenn einer seiner Männer eine solche Auszeichnung bekommt („Ich merkte mir diesen Helden des Augenblicks und hatte die Freude, ihn vierzehn Tage später zum Eisernen Erster beglückwünschen zu können", 240). Auch er selbst wird ausgezeichnet und erwähnt das: Für seine Leistungen in der Doppelschlacht von Cambrai erhält er das „Ritterkreuz des Hausordens von Hohenzollern" (246).

Sprache: verharmlosende Bilder …

Der Tagebuchschreiber benützt eine sachliche, klare und kühle Sprache, die die Grauen des Krieges verdeckt. Verharmlosende Bilder spielen dabei eine wichtige Rolle: „Er hatte einen jener Herzschüsse empfangen, durch die man in einer Haltung hingestreckt wird, die der des Schlafes gleicht" (238), „Handgranaten flogen wie Schneebälle durch die Luft" (243).

… exakte Fachtermini und beschönigende Umschreibungen

Ebenso spielen exakte Fachtermini aus den Bereichen ‚Krieg' und ‚Töten' im Kriegstagebuch Ernst Jüngers eine wichtige Rolle. So werden kriegsrelevante Details nicht im Landserjargon, sondern mit Fachtermini oder im Insiderjargon der Militärs benannt (z. B. „Eisernen Erster", 240).

Wenn der Tagebuchschreiber die Fakten aber nicht nennen will, umschreibt er sie mithilfe von Bildern oder Metaphern. Da ist dann z. B. im Zusammenhang mit Kriegsgefangenen die Rede von einem „gewaltigen Fang" (236) und auch der Tod wird beschönigend umschrieben: „[…] wenn sich das Leben verabschiedet" (242). Bildhafte Wendungen finden sich auch in unpassenden Zusammenhängen, etwa wenn im Zusammenhang mit Menschen der Soldat als Jäger, beschönigend als Waidmann, dargestellt wird: „Mit der sich steigernden Freude des Weidmannes [so!] sah ich […]" (236).

Auch für die Darstellung des Grauens im Krieg stehen dem Tagebuchschreiber keine Begriffe zu Verfügung. Er spricht von einer „verwunschenen Welt“ (233), wenn er die nächtliche Situation hinter der Front meint. Als „Wurfgeschosse“ bezeichnet er die todbringenden Handgranaten (243), und von „erregenden Momenten“ (244) ist die Rede, wenn er den Zweikampf Mann gegen Mann meint.

Keine Sprache für das Grauen des Krieges

Der Ich-Erzähler verwendet sowohl Satzreihen als auch Satzgefüge, um spannende Episoden oder nachdenkenswerte Ereignisse und Gedankengänge in Sprache zu fassen. Hypotaxen dienen vor allem der Reflexion bzw. der genauen Beschreibung, wie das Beispiel auf S. 237 zeigt:

Satzbau

> „Nach einer halben Stunde traten wir in gehobener Stimmung – ich will nicht leugnen, daß der englische Kognak ein wenig dazu beigetragen haben mochte – wieder an und pirschten uns von Schulterwehr zu Schulterwehr die Siegfriedstellung entlang.“

Jüngers Tagebuchaufzeichnungen stellen den Krieg als Angelegenheit eines heroisch denkenden und handelnden Mannes dar. Dabei erscheinen Töten und Getötetwerden als etwas, das zum Lauf des Lebens, ja der Welt naturgegeben dazugehört. Beispielhaft ist hier das Feuergefecht zu nennen, das dem Gefreiten Motullo das Leben gekostet hat. Trotz der Achtung, die der Tagebuchschreiber dem Gefreiten entgegenbringt, kehrt er nach dessen Tod sogleich zum Alltag zurück, frühstückt und bespricht mit seinen Kollegen ungerührt die militärische Lage (vgl. *In Stahlgewittern*, 239).

Darstellung des Krieges

Zusammenfassend lässt sich Folgendes feststellen: Anders als Remarques Roman *Im Westen nichts Neues*, der aus der Perspektive des einfachen Soldaten geschrieben ist und der deshalb den Krieg als sinnlos bzw. als Angelegenheit der herrschenden Schichten darstellt, die dem einfachen Volk nur Unglück bringt, beschreibt Ernst Jünger den Krieg – wohl aus eigener Erfahrung und Anschauung – aus der Sicht eines Kompanieführers. Das ist die Perspektive des Vorgesetzten, die zwangsläufig affirmativ, also bejahend, bestätigend, zustimmend ist. Echtes Mitleid mit den Gefallenen findet sich nicht. Schlim-

Vergleich mit Remarques Roman

me Kriegsereignisse werden hingegen beschönigend dargestellt, andere verharmlost. Für das Grauen des Krieges findet der Tagebuchschreiber keine angemessene Sprache.

Die verlorene Generation

Der Begriff	
	➞ Den Begriff „lost generation“ hat die US-amerikanische Schriftstellerin Gertrude Stein (1874–1946) vermutlich auf einem ihrer Pariser Salons geprägt. Wie er entstand, beschreibt Ernest Hemingway in seinen postum erschienenen Erinnerungen an das Leben zwischen 1921 und 1926 in Paris *A Moveable Feast* (1964; dt. *Paris – Ein Fest fürs Leben*, 2011). ➞ Mit der „verlorenen Generation“ sind ursprünglich die US-amerikanischen Schriftsteller gemeint, die während oder nach dem Ersten Weltkrieg in Europa lebten. ➞ Der Schreibstil dieser Autoren ist oft zynisch und desillusioniert. ➞ Der Erzähler Paul Bäumer schreibt im Stil dieser Autoren-Generation. ➞ Paul Bäumer und seine Kameraden gehören der „verlorenen Generation“ an. ➞ Die „verlorene Generation“ ist eine Generation ohne Zukunft.

Entstehung des Begriffs

Den Begriff von der „lost generation“ hat Ernest Hemingway von Gertrude Stein übernommen und als Motto seines Romans *The Sun Also Rises* (dt. *Fiesta*) (1926) populär gemacht. Ursprünglich meinte der Begriff die US-amerikanischen Schriftsteller, die während oder nach dem Ersten Weltkrieg in Europa lebten – wie Hemingway selbst. Die Generation der gegen Ende des 19. Jahrhunderts Geborenen musste vor und nach dem Ersten Weltkrieg viele Entbehrungen auf sich nehmen. Ihr Schreibstil ist deshalb oft zynisch und desillusioniert.

Remarque greift in seinem 1928 vorabgedruckten Roman diese damals ganz aktuelle Thematik auf. Schon im Motto heißt es:

> „Dieses Buch soll weder eine Anklage noch ein Bekenntnis sein. Es soll nur den Versuch machen, über eine Generation zu berichten, die vom Kriege zerstört wurde – auch wenn sie seinen Granaten entkam." (5)

Paul Bäumers Utopie

In *Im Westen nichts Neues* wird diese Problematik von den jungen Frontsoldaten erörtert. Dabei äußert Bäumer die Utopie, der Krieg bekäme einen eigenen Wert dadurch, dass er einen dauerhaften Frieden begründen könne, der darüber hinweghilft, dass auf die jungen Männer am Ende nur eine bürgerliche Existenz („Beruf und Studium und Gehalt", 80) wartet. Die Hoffnung, dass es dazu kommt, ist jedoch gering, Bäumer resigniert: „Mit einemmale erscheint mir alles aussichtslos und verzweifelt" (ebd.). Er prognostiziert: „Es wird überhaupt schwer werden mit uns allen. [...] Zwei Jahre Schießen und Handgranaten – das kann man doch nicht ausziehen wie einen Strumpf nachher" (ebd.). Zusammenfassend stellt er fest, dass der Krieg ihn und seine Freunde „verdorben" (ebd.) habe, und erkennt: „Es ist das gemeinsame Schicksal unserer Generation." (Ebd.)

Die „verlorene Generation" – ein gesellschaftliches Problem

Auch gegen Ende des Romans, im 10. Kapitel, als der Ich-Erzähler seine Situation noch einmal reflektiert, erkennt er, dass seine Probleme nicht privater oder persönlicher Art sind, sondern typisch für die jungen Männer in seinem Alter:

> „Ich bin jung, ich bin zwanzig Jahre alt, aber ich kenne vom Leben nichts anderes als die Verzweiflung, den Tod, die Angst und die Verkettung sinnlosester Oberflächlichkeit mit einem Abgrund des Leidens. Ich sehe, daß Völker gegeneinander getrieben werden und sich schweigend, unwissend, töricht, gehorsam, unschuldig töten. Ich sehe, daß die klügsten Gehirne der Welt Waffen und Worte erfinden, um das alles noch raffinierter und länger dauernd zu machen. Und mit mir sehen das alle Menschen meines Alters hier und drüben, in der ganzen Welt, mit mir erlebt das meine Generation. Was werden unsere Väter tun, wenn wir einmal aufstehen und vor sie hintreten und Rechenschaft fordern? Was erwarten sie von uns, wenn eine Zeit kommt, wo kein Krieg ist? Jahre hindurch war unsere Beschäftigung Töten – es war unser erster Beruf im Dasein. Unser Wissen vom Leben beschränkt sich auf den Tod. Was soll danach noch geschehen? Und was soll aus uns werden?" (233)

Die „verlorene Generation“ – eine Generation ohne Zukunft

Die Angehörigen der „verlorenen Generation“ haben keine Zukunft. Sie wurden dem bürgerlichen Leben früh entfremdet, haben im Krieg Isolation und Abgeschnittensein von ihrer Vergangenheit erfahren, wurden unter Drill zur Aufgabe ihrer individuellen Persönlichkeit gezwungen und sind vertraut mit dem Sterben und dem Tod ihrer Mitmenschen. Sie sehen für sich selbst kaum Zukunftsperspektiven. Manche hoffen, ihre Triebe in der Sexualität und im Alkoholkonsum ausleben zu können. Das reicht aber nicht als Motivation für eine Existenz nach dem Krieg.

Sprache und Stil

Sprachliche Gestaltung in Remarques Roman

- Umgangssprache ist die vorherrschende Ausdrucksweise.
- Oft verwendet der Erzähler den Landserjargon, der ihn als erfahrenen Soldaten ausweisen soll.
- Die stilisierte Ausdrucksweise des Bürgertums scheint im Krieg nicht mehr angemessen zu sein, weil sie die Realität verdeckt.

Verschiedene Sprachebenen

Im Westen nichts Neues ist überwiegend in der Alltagssprache des frühen 20. Jahrhunderts verfasst. Das zeigt sich im einfachen, meist parataktischen Satzbau, aber auch in der klaren und einfachen Wortwahl. Daneben gibt es andere Sprachebenen, die ihre jeweils eigene Funktion haben, z.B. die Umgangssprache der Jugendlichen bzw. der Kriegsteilnehmer sowie die Sprache des Bürgertums.

Landserjargon Paul Bäumers

Der Roman ist vom fiktiven Ich-Erzähler Paul Bäumer verfasst. Der 19-Jährige hat zwar eine höhere Schulbildung durchlaufen und hat in Friedenszeiten nach eigener Aussage auch Dramen und andere kurze Texte verfasst. Seine Niederschrift aus dem Krieg orientiert sich in Satzbau und Wortwahl aber ganz an seinem aktuellen Umfeld; bildungsbürgerliche Elemente spielen an der Front keine Rolle mehr. Paul Bäumer schreibt überwiegend in der Sprache des Frontsoldaten, des Landsers, also aus einer Perspektive „von unten" – anders als Ernst Jünger, der in seinem Roman *In Stahlgewittern* einen leitenden Offizier als Erzähler wählt. Paul Bäumer verwendet bei seiner Darstellung oft Begriffe, die aus dem Bereich des Militärs bzw. des Krieges stammen. Das wird schon zu Beginn des Romans deutlich, wo es heißt: „Wir liegen neun Kilometer hinter der Front." (7) Weiter ist vom „Küchenbulle[n]" und von der „Gulaschkanone" die Rede, vom „Furier", von „Langrohr und dicke[n] Brocken" (8f.), womit eine für den Ersten Weltkrieg typische Kanone sowie schwere Einschüsse gemeint sind, von „Trommelfeuer" (8) und vom „Kommiß" (14). Auch militärische Fachbegriffe werden wie selbstverständlich verwendet: „Unteroffizier [...] Korporale [...] Rekruten" (28f.), „Trichter [...] Batterien [...] Granaten [...] Drahtverhaue [...] Gewehrfeuer" (191). „Der Mann ist k.v."

(247). Der Landser-Jargon lässt den Sprecher abgebrüht und lässig erscheinen. Auch unschöne Dinge benennt er in einer ganz unsentimentalen Weise, wodurch er sich als erfahrener Soldat auszeichnen will.

Sprachliche Mittel und ihre Wirkung

Zu den sprachlichen Mitteln, die diese Wirkung unterstützen, gehören z. B. Sentenzen („So splendid sind die Preußen nicht“, 8), Bilder und Vergleiche („Idyll des Fressens und Schlafens“, 206, „Brennende Häuser stehen wie Fackeln in der Nacht“, 210, „Wie ein Schwarm Bienen drängen sich […] die Kolonnenfahrer“, ebd.). Eindringlichkeit entsteht durch die vielen Wiederholungen („Erde“, 52, „Züge, Züge, Lastwagen, Lastwagen“, 94), auch in der Form von Anaphern („Ach Mutter!,“ 164 f., „Sommer 1918“, 250 f.).
Insgesamt weist der Landser-Jargon eine derbe Sprache auf, die dem Erleben der Frontsoldaten entspringt und die vorherrschende resignative Stimmung dadurch überdecken will, dass man vorgibt, schon alles zu kennen und erlebt zu haben und sozusagen Profi im Kriegführen zu sein.

Umgangssprache

Im Übrigen verwendet der Erzähler oft Umgangssprache. Sie ist an keine soziale Hierarchie gebunden und wird deshalb von allen Soldaten verstanden. Beispiele für umgangssprachliche Wendungen sind: „hatten uns gleich hingehauen“ (8), „Rache ist Blutwurst“ (48), „Kohldampf“ (97), „Arsch zugekniffen“ (126), „seine sonst sehr trockene Phantasie arbeitet sich Blasen“ (180), „eher verrecke ich“ (216).
Hinzu kommt, dass man an der Front und im Krieg im Allgemeinen nicht mehr auf bürgerliche Empfindlichkeiten Rücksicht nehmen muss – im Krieg sind alle Soldaten gleich, egal welcher Herkunft sie sind. Dies gilt natürlich nicht für die Adeligen, denen damals die Führungspositionen im Heer vorbehalten waren; sie kommen aber in Remarques Roman nur am Rande vor.

Einfacher Wortschatz

Umgangssprache ist gekennzeichnet durch einen einfachen Wortschatz, der für alle verständlich ist, durch Satzbaumuster, die unkompliziert sind, und durch bildliche Redewendungen, die oft in der Form eines Vergleichs ausdrücken, was viele denken.

Einfacher Wortschatz findet sich z.B. in Kapitel 3, wo das Leben im Barackenlager geschildert wird:

> „Kat fragt einen der jüngsten: ‚Habt wohl lange nichts Vernünftiges zu futtern gekriegt, was?' Der verzieht das Gesicht. ‚Morgens Steckrübenbrot – mittags Steckrübengemüse, abends Steckrübenkoteletts und Steckrübensalat.' Katczinsky pfeift fachmännisch. ‚Brot aus Steckrüben? Da habt ihr Glück gehabt, sie machen es auch schon aus Sägespänen. Aber was meinst du zu weißen Bohnen, willst du einen Schlag haben?' Der Junge wird rot. ‚Verkohlen brauchst du mich nicht.' Katczinsky antwortet nichts, als: ‚Nimm dein Kochgeschirr.' Wir folgen neugierig. Er führt uns zu einer Tonne neben seinem Strohsack. Sie ist tatsächlich halb voll weißer Bohnen mit Rindfleisch. Katczinsky steht vor ihr wie ein General und sagt: ‚Auge auf, Finger lang! Das ist die Parole bei den Preußen.' Wir sind überrascht. Ich frage: „‚Meine Fresse, Kat, wie kommst du denn dazu?'" (36f.)

Parataktischer Satzbau

Auch der vorwiegend parataktische Satzbau ist einfach und entspricht eher der gesprochenen als der geschriebenen Sprache. Hypotaxen treten nur in besonderen Situationen im Roman auf; meist ist für Reflexion kein Platz, da die Geschehnisse vorwärtsdrängen und die Soldaten auch keinen vertieften Einblick in die militärische Strategie haben.
Parataxen finden sich oft in Situationen, die das Kriegsgeschehen spiegeln und somit Spannung beinhalten. Dies ist z.B. in Kapitel 6 der Fall:

> „Mitten in der Nacht erwachen wir. Die Erde dröhnt. Schweres Feuer liegt über uns. Wir drücken uns in die Ecken. Geschosse aller Kaliber können wir unterscheiden. Jeder greift nach seinen Sachen und vergewissert sich alle Augenblicke von neuem, daß sie da sind. Der Unterstand bebt, die Nacht ist ein Brüllen und Blitzen. Wir sehen uns bei dem sekundenlangen Licht an und schütteln mit bleichen Gesichtern und gepressten Lippen die Köpfe." (95f.)

Auch zu Beginn des 9. Kapitels, als Paul Bäumer nach seinem enttäuschenden Heimaturlaub an die Front zurückkehrt, verwendet er für seinen Bericht Parataxen:

> „Wir fahren einige Tage. Die ersten Flieger erscheinen am Himmel. Wir rollen an Transportzügen vorüber. Geschütze, Geschütze. Die Feldbahn übernimmt uns. Ich suche mein Regiment. Niemand weiß, wo es gerade liegt. Irgendwo

> übernachte ich, irgendwo empfange ich morgens Proviant und einige vage Instruktionen. So mache ich mich mit meinem Tornister und meinem Gewehr wieder auf den Weg." (177)

Bildliche Redewendungen

Es gibt auch eine Vielzahl bildlicher Redewendungen. Meist drücken sie das aus, was Volkes Meinung ist. Bildliche Wendungen sind oft Vergleiche oder Metaphern, wie z. B. in Bezug auf Tjaden: „Er ist und bleibt ein magerer Hering" (7). Andere Beispiele sind: „wie eine schwangere Wanze" (9), „Morgens sind einige Rekruten bereits grün und kotzen" (96), „Es ist eine tödliche Spannung, die wie ein schartiges Messer unser Rückenmark entlang kratzt" (101), „Wir sind verlassen wie Kinder und erfahren wie alte Leute" (111), „Seine sonst sehr trockene Phantasie arbeitet sich Blasen" (180).

Poetische Sprache Paul Bäumers

Der Ich-Erzähler Paul Bäumer zeigt sich ab und zu auch als sensibler Mensch, der die Stimmung in einer poetischen Sprache ausdrückt:

> „Einen ganzen Vormittag spielen zwei Schmetterlinge vor unserm Graben. Es sind Zitronenfalter, ihre gelben Flügel haben rote Punkte. Was mag sie nur hierher verschlagen haben; weit und breit ist keine Pflanze und keine Blume. Sie ruhen sich auf den Zähnen eines Schädels aus. Ebenso sorglos wie sie sind die Vögel, die sich längst an den Krieg gewöhnt haben. Jeden Morgen steigen Lerchen zwischen der Front auf. Vor einem Jahr konnten wir sogar brütende beobachten, die ihre Jungen auch hochbekamen." (116)

Pathetische Sprache der bürgerlichen Schichten

Stilisierte Hochsprache, von Pathos getragen, die Sprache der Väter- und Erziehergeneration, kommt im Roman nur selten vor. Lehrer Kantorek ist hier zuzuordnen. Er nennt Paul Bäumer und seine Freunde die „eiserne Jugend" (22), sagt von ihnen, sie hätten „gerade an der Schwelle des Daseins gestanden" (24). Später wendet Mittelstaedt Kantoreks Phrasen ironisch gegen ihn („wir haben das Glück, in einer großen Zeit zu leben, da müssen wir uns alle zusammenreißen und auch einmal das Bittere überwinden", „Und über Kleinigkeiten niemals das große Erlebnis vergessen", 159)." Beim Heimaturlaub wird Paul Bäumer ebenfalls mit Aussagen in dieser Sprachebene konfrontiert, wenn der Direktor sagt:

> „‚Gewiß, der einzelne' […] , aber es kommt doch auf das Gesamte an. Und das können Sie nicht so beurteilen. Sie sehen nur Ihren kleinen Abschnitt und haben deshalb keine Übersicht. Sie tun Ihre Pflicht, Sie setzen Ihr Leben ein, das ist höchster Ehren wert – jeder von euch müßte das Eiserne Kreuz haben'" (150).

Dabei wird für den Leser nicht nur der Kontrast der Sprachebenen deutlich. Auch das dahinterstehende – jeweils unterschiedliche Weltbild – kommt klar zum Ausdruck. Und es wird auch deutlich, dass die jungen Soldaten in ihren sprachlichen Äußerungen näher an der Realität sind als die Vätergeneration, die den Krieg nur vom Hörensagen kennt („‚Aber erst müßt ihr den Franzmann verkloppen! […] Dann beginnt er zu erläutern, wo in Frankreich der Durchbruch einsetzen müsse", 149 f.).

Erzähltempus

Interessant ist auch die Erzählweise: Paul Bäumers Bericht umfasst den Zeitraum von seinem Kriegseintritt 1916 bis fast zum Ende des Krieges 1918. Dabei wird das Geschehen chronologisch, aber mit Rückblenden erzählt. Das aktuelle Geschehen, das Paul Bäumer im Präsens wiedergibt („Wie liegen neun Kilometer hinter der Front", 7), kommt nur in einzelnen Episoden zur Sprache. Der Autor verzichtet auf genaue Datumsangaben ebenso wie auf konkrete Ortsangaben. Er scheint einen schlaglichtartigen Eindruck vom Krieg vermitteln zu wollen, der es prinzipiell jedem Leser ermoglicht, sich darin wiederzufinden. Die Rückblenden werden im Präteritum („Vor vierzehn Tagen mußten wir nach vorn", 8) erzählt.

Erzählerbericht am Romanende

Diese Erzählweise behält Paul Bäumer bis zum Ende des Romans bei. Dort sagt er: „Ich stehe auf. Ich bin sehr ruhig" (258). Schon einige Zeilen später berichtet ein anderer anonymer Erzähler (vielleicht der Herausgeber der Aufzeichnungen oder der Autor selbst) vom Ende Paul Bäumers in der Vergangenheitsform: „Er fiel im Oktober 1918, an einem Tage, der so ruhig und still war an der ganzen Front, daß der Heeresbericht sich nur auf den Satz beschränkte, im Westen sei nichts Neues zu melden." (259)

Der Autor

Erich Maria Remarque	
	→ Erich Maria Remarque wurde 1898 in Osnabrück geboren. Er entstammt einem bürgerlichen Elternhaus. → Als 18-Jähriger wurde er zum Kriegsdienst einberufen, verwundet und schon drei Jahre später aus der Armee entlassen. → Remarque machte eine Lehrerausbildung, nahm Gelegenheitsjobs an und versuchte seinen Lebensunterhalt mit dem Schreiben zu bestreiten. → Der Roman *Im Westen nichts Neues* (1929) war sein erster großer Erfolg und begründete seine Existenz als freier Schriftsteller. → Im Zeichen des aufkommenden Nationalsozialismus verließ Remarque Deutschland 1932 und hielt sich bis zum Ende des Zweiten Weltkriegs in der Schweiz oder in den USA auf. → Im Nachkriegsdeutschland war Remarque ein gefragter Autor, dessen Romane auch verfilmt wurden. → 1970 starb Remarque im Krankenhaus von Locarno (Schweiz).

Geburt und frühe Jahre

Erich Maria Remarque wurde als Erich Paul Remark am 22. Juni 1898 als zweiter Sohn von Peter Franz Remark und Anna Maria Remark, geb. Stallknecht, in Osnabrück geboren. Der zwei Jahre ältere Bruder Theodor Arthur starb 1901. 1900 und 1903 wurden die Schwestern Erna und Elfriede geboren. Nach der Volksschule (ab 1908) besuchte der Junge eine dreiklassige Vorstufe für Volksschullehrer, dann – bis 1919 – das Katholische Königliche Schullehrer-Seminar in Osnabrück. Ab 1916 veröffentlichte er eigene kleine Schriften.

Verwundung im Ersten Weltkrieg und Abschluss der Lehrerausbildung

Im November 1916 wurde Remarque zur Armee einberufen, schon im Juni 1917 wurde seine Kompanie an die Westfront verlegt. Ende Juli wurde Remarque durch Granatsplitter am linken Bein, am rechten Arm und am Hals verletzt und in ein Feldlazarett in Duisburg gebracht. Dort setzte man ihn bald in der Schreibstube ein. Im Januar 1919 entließ man ihn aus der Armee und er konnte seine Ausbildung zum Volksschullehrer fortsetzen, die er mit der Lehramtsprüfung im Juni abschloss. Anschließend arbeitete er als Lehrer an verschiedenen

Schulen im Umkreis von Osnabrück, nebenher veröffentlichte er erste Schriften.

Verschiedene berufliche Tätigkeiten

Ende November 1920 gab Remarque den Lehrerberuf auf und hielt sich mit Gelegenheitsjobs (z.B. als kaufmännischer Angestellter, Buchhalter, Grabsteinverkäufer, Klavierlehrer und Organist) über Wasser.

Ab März 1921 war er dann als Theaterkritiker für das *Osnabrücker Tageblatt* und die *Osnabrücker Landeszeitung* tätig (in diese Zeit fällt auch die erste Verwendung der neuen Schreibweise seines Namens). Später arbeitete er als Werbetexter und Redakteur.

Heirat

Am 14. Oktober 1925 heiratete Remarque die Tänzerin Ilse Jutta Zambona (Scheidung am 4. Januar 1930, zweite Heirat 1938).

Im Westen nichts Neues

Von Herbst bis Winter 1927 arbeitete Remarque an seinem Roman *Im Westen nichts Neues*. Zwischen dem 10. November und dem 9. Dezember erfolgte der Vorabdruck in der *Vossischen Zeitung*, und am 29. Januar 1929 erschien die Buchausgabe im Berliner Propyläen-Verlag. Am 29. April 1930 fand die Premiere von *All Quiet on the Western Front*, der Verfilmung des Romans durch Lewis Milestone, statt.

Nationalsozialistische Hetze und Remarques Emigration

In der nationalistischen und nationalsozialistischen Presse begann man Remarques angeblichen Geburtsnamen „Kramer“ mit dem Hinweis auf einen jüdischen Hintergrund zu veröffentlichen. Im April 1932 verlegte Remarque wegen angeblichen Devisenvergehens seinen Wohnsitz nach Porto Ronco bei Ascona (Schweiz), wo er sich in den nächsten Jahren häufig mit deutschen Emigranten traf (z.B. Thomas Mann, Jacob Wassermann, Ernst Toller, Carl Zuckmayer und Else Lasker-Schüler), denen er auch Unterschlupf gewährte. Diesen Wohnsitz behielt Remarque auch während seines Exils und er suchte ihn nach Ende des Zweiten Weltkriegs oft auf.

Als Autor und Mensch in Deutschland „unerwünscht“

Am 10. Mai 1933 wurden auch Remarques Bücher bei der öffentlichen Bücherverbrennung in Berlin durch die Nationalsozialisten ins Feuer geworfen. Am 22. Januar 1938 heiratete Remarque Ilse Jutta Zambona in St. Moritz ein zweites Mal, um ihr die Einreise in die Schweiz und später in die USA zu ermöglichen. Am 4. Juli wurde Remarque die deutsche Staatsbürgerschaft entzogen.

Emigration in die USA

Im September 1939 siedelte Remarque in die USA über. Er ließ sich in Los Angeles nieder, wo er mit anderen Emigranten sowie Filmschaffenden aus den USA wie Igor Strawinsky, Arthur Rubinstein und Orson Welles, Bertolt Brecht und Cary Grant enge Freundschaft pflegte. Remarque arbeitete in den USA an verschiedenen Filmprojekten mit. Eine teilweise sehr enge Beziehung unterhielt er zu Marlene Dietrich. Im Januar 1941 begann er eine Beziehung mit Natalia Pawlowna Paley, einer russischen Mode-Ikone, Schauspielerin und Verwandten des letzten russischen Zaren, die in seinem Roman *Schatten im Paradies* als Natasha vorkommt. Schon im April des gleichen Jahres wandte sich Remarque intensiv Greta Garbo zu. Ab August 1943 wohnte er im Hotel „Ambassador" in Los Angeles.

Das Schicksal von Remarques Schwester

Seine Schwester Elfriede, die in Deutschland geblieben war, musste sich vor dem Volksgerichtshof in Berlin wegen „Wehrkraftzersetzung" verantworten. Sie wurde zum Tod verurteilt und am 16. Dezember 1943 in Berlin-Plötzensee hingerichtet.

Noch während des Zweiten Weltkriegs dachten US-Politiker schon an die „Umerziehung" des deutschen Volkes nach dem Untergang des Hitler-Regimes. Im Juni 1944 gab es Versuche des „Office of Strategic Services", Remarque zu aktiver Propagandaarbeit in Europa zu überreden. Dieser lehnte aber ab.

Weitere Werke

In den Jahren nach dem Zweiten Weltkrieg arbeitete Remarque intensiv an neuen Romanen: *Zeit zu leben und Zeit zu sterben* wurde 1945 begonnen, der Vorabdruck von *Arc de Triomphe* sowie die Buchausgabe erschienen im selben Jahr; noch 1946 begann Remarque mit der Arbeit an *Der Funke Leben*. Die Verfilmungen seiner Bücher kamen in den Nachkriegsjahren in die Kinos, z. B. 1948: *Arch of Triumph* von Lewis Milestone.

1947 nahmen Remarque und Ilse Jutta Zambona die amerikanische Staatsbürgerschaft an.

Ab 1948 litt Remarque an einer Erkrankung des Innenohrs, die mit Drehschwindel, Gehörverlust und Tinnitus verbunden ist. Sie beeinträchtigte ihn immer wieder. Im gleichen Jahr kehrte er zum ersten Mal seit 1939 nach Europa zurück. Er reiste in den kommenden Jahren durch Frankreich, die Schweiz, Italien und die Niederlande und machte Abstecher in die USA. Seine Geburtsstadt Osnabrück besuchte er erstmals wieder im Juli 1952.

Reisen durch Europa

In diesen Jahren wird Paulette Goddard seine häufige Begleiterin und 1958 – nach der zweiten Scheidung von Ilse Jutta Zambona – seine Ehefrau. Das Paar hält sich häufig in seinem Haus in Porto Ronco (bei Ascona) auf, ist aber auch viel auf Reisen durch Europa und die USA. Remarque arbeitet an seinen späten Romanen (*Geborgtes Leben, Die Nacht von Lissabon, Der Himmel kennt keine Günstlinge*). Remarque erkrankt des Öfteren (Thrombose, mehrere Herzanfälle). 1967 wird ihm das „Große Bundesverdienstkreuz der Bundesrepublik Deutschland" verliehen, 1968 die Ehrenbürgerschaft von Porto Ronco.

Heirat mit Paulette Goddard

Am 25. September 1970 stirbt Erich Maria Remarque in einem Krankenhaus in Locarno (Schweiz) an einem Aneurysma der Aorta.

Tod in Locarno

Rezeption

Rezeption des Romans *Im Westen nichts Neues*	→ Remarques Roman wurde anfangs als authentischer Bericht eines Frontsoldaten beworben, was auf seinen Erfolg großen Einfluss hatte. → Die Erstausgabe von 1929 wurde in Deutschland ein Bestseller und in 26 Sprachen übersetzt. → Die Nationalsozialisten verboten das Buch und vernichteten es in der berüchtigten Bücherverbrennung vom 10. Mai 1933. → Nach dem Ende des Zweiten Weltkriegs wurde der Roman ein Weltbestseller. → *Im Westen nichts Neues* wurde bisher zweimal verfilmt: 1930 durch Lewis Milestone und 1979 durch Delbert Mann.

Kein „Erlebnisbericht“ eines Frontsoldaten

Erich Maria Remarques Roman *Im Westen nichts Neues* wurde in der *Vossischen Zeitung*, einer liberalen Tageszeitung in Berlin, die zu Beginn des 20. Jahrhunderts überregionale Bedeutung besaß und in ganz Deutschland gelesen wurde, seit Herbst 1928 vorabgedruckt. Dort war er als „Erlebnisbericht eines Frontsoldaten“ groß angekündigt worden. Weil der Text authentisch wirkte, wurde er zum Gesprächsthema in der Öffentlichkeit und sprach – zehn Jahre nach Ende des Ersten Weltkriegs – Kriegsteilnehmer und Menschen, die nicht an der Front gewesen waren, gleichermaßen an. Weder Autor noch Verlag widersprachen dem Mythos, Remarque habe das Geschilderte selbst erlebt. Ganz im Gegenteil: Remarque hatte sich nicht (wie Paul Bäumer) freiwillig zum Kriegsdienst gemeldet und anders als dieser wurde er bereits nach wenigen Wochen im Grabenkrieg mit mehreren Verletzungen durch Granatsplitter in ein Lazarett verlegt. Dort hatte seine aktive Soldatentätigkeit ein Ende, Remarque war fortan als Sekretär und Privatlehrer der Tochter des Oberarztes des Lazaretts tätig. Dennoch galt *Im Westen nichts Neues* als seine eigene Kriegserfahrung. Tatsächlich hatte Remarque für die Niederschrift seines Textes Berichte und Erzählungen anderer Kriegsteilnehmer herangezogen. Sein Roman kann auch nicht zu einer Form der (naiven) Erlebnisliteratur gerechnet werden, vielmehr handelt es sich um einen streng konzipierten, sprachlich angepassten und auf Wirkung bedachten literarischen Text.

Erfolgreiche Buchveröffentlichung

Die Buchausgabe erschien Ende Januar 1929 im Propyläen-Verlag Berlin in einer ersten Auflage von 30 000 Exemplaren; diese war aufgrund des geschickten Marketings sofort nach Erscheinen vergriffen. Bis Ende Mai 1929 waren insgesamt 500 000 Exemplare verkauft. *Im Westen nichts Neues* wurde noch im gleichen Jahr in 26 Sprachen übersetzt. Insgesamt fand der Roman im ersten Jahr knapp eine Million Käufer – das Buch wurde ein internationaler Erfolg, der den Ruhm des Autors begründete. Diesen konnte er aber nie wiederholen.

Zäsur 1933

Schon 1928 wurde das Buch in vorauseilendem Gehorsam aus Schul- und Universitätsbibliotheken Thüringens entfernt. 1933 war eine weitere Verbreitung des Werkes in Deutschland völlig unmöglich: *Im Westen nichts Neues* wurde zusammen mit einer Vielzahl anderer Bücher am 10. Mai verbrannt und zählte damit zu den unliebsamen Schriften, zur „entarteten Literatur".

„Im Westen nichts Neues" – ein Weltbestseller

Nach dem Untergang des Nazi-Regimes 1945 war der Ansturm auf Remarques Roman dann umso größer: Nach dem Zweiten Weltkrieg erlebte der Roman über den Ersten Weltkrieg eine neue Renaissance. Inzwischen gibt es Ausgaben in mehr als 50 Sprachen, die geschätzten Verkaufszahlen belaufen sich auf weltweit über 20 Millionen.

Verfilmung durch Lewis Milestone (1930)

Der Erfolg des Buches in aller Welt führte dazu, dass der Stoff bald verfilmt wurde. Der Regisseur Lewis Milestone (1895–1980) brach mit seiner Verfilmung *All Quiet on the Western Front* (Produzent Carl Lämmle jr.) 1930 schon kurz nach der Premiere alle Kassenrekorde. Der Film, der vom Realismus der Darstellung lebt, spielte in nur wenigen Wochen die Produktionskosten von 1,25 Millionen Dollar ein und wurde noch im gleichen Jahr für sechs Oscars nominiert. Er gewann die Auszeichnung in den Kategorien „Bester Film" und „Beste Regie". Heute ist der Film aus der Reihe der Klassiker nicht mehr wegzudenken und gilt als einer der 100 besten Filme der amerikanischen Filmgeschichte. Er schrieb al-

lein schon deshalb Kinogeschichte, weil er ein Pionier des Tonfilms war. Da viele Kinos aber in den 1930er-Jahren noch nicht dafür ausgerüstet waren, Tonfilme zu zeigen, wurde zusätzlich eine Stummfilmversion produziert.
Lewis Milestone legte Wert darauf, dass das Kriegsgeschehen genauestens abgebildet wurde. Deshalb wurden die Schauplätze der Handlung mit großem Aufwand nachgebildet. In der Nähe von Los Angeles entstanden Nachbauten des französischen Dorfes und der Schützengräben. Um die Ausbildung und Technik der deutschen Soldaten möglichst stimmig darstellen zu können, engagierte der Regisseur einen Stab von Beratern, meist ehemalige deutsche Offiziere.

Zensur

Der Film wurde zum Antikriegsfilm schlechthin, obwohl er mehrfach zensiert wurde und wichtige Passagen gar nicht in den Kinos zu sehen waren. Die von Milestone gedrehte Originalfassung war 150 Minuten lang, für die amerikanischen Kinos wurde jedoch nur eine Version mit 140 Minuten freigegeben, die fehlenden 10 Minuten waren schon einer ersten Zensur durch die amerikanischen Behörden zum Opfer gefallen. Für den deutschen Markt wurde auch diese Fassung noch gekürzt. Herausgeschnitten wurden z. B. die Szenen, in denen die Rekruten ihren Vorgesetzten, den sadistischen Unteroffizier Himmelstoß, verprügeln, sowie Teile des Gesprächs, in dem die Soldaten dem Kaiser die Schuld am Krieg geben. Auch die Weitergabe der Stiefel eines toten Kameraden, in denen dann eine ganze Reihe von Soldaten stirbt, fiel der deutschen Zensur zum Opfer.
In Berlin lief der Film zwischen dem 5. und dem 11. Dezember 1930, dann wurde er verboten. Während dieser wenigen Vorstellungen wurden Schlägereien angezettelt, Stinkbomben geworfen, ja sogar weiße Mäuse losgelassen, alles gezielte Störaktionen von Nationalsozialisten, die die Öffentlichkeit beunruhigen und verunsichern und weitere Aufführungen des Films verhindern wollten. Der Film wurde dann unter Polizeischutz gezeigt, trotzdem kam es zu Demonstrationen auf dem Berliner Nollendorfplatz, bei denen etwa 6000 Nazis auf der Straße waren. Goebbels hielt dabei eine Rede gegen den Film. Schließlich stellten die verschiedenen deutschen

Landesregierungen, darunter Bayern, Württemberg, Sachsen und Braunschweig, unter dem Einfluss der NSDAP einen Antrag, dass die Aufführungserlaubnis widerrufen werden möge. Als Begründung wurde angegeben, der Film gefährde das Ansehen Deutschlands im Ausland sowie die öffentliche Ordnung im Land selbst. Unabhängig vom Urteil der Filmprüfstelle erklärte die Produktionsfirma, sie würde den Film in Deutschland nicht länger aufführen – der Druck des größten europäischen Marktes machte sich hier bemerkbar.
Als am 2. September 1931 der Film von den deutschen Behörden für Aufführungen (allerdings in einer nochmals gekürzten Fassung) wieder zugelassen wurde, musste sich die Produktionsfirma verpflichten, künftig auch im Ausland nur noch diese von den deutschen Zensurbehörden genehmigte Fassung zu zeigen. Mit der Machtergreifung der Nazis wurde dann auch diese Fassung verboten.

Verfilmung durch Delbert Mann (1979)

1979 kam das Remake von Regisseur Delbert Mann in die Kinos. Die Rolle des Paul Bäumer spielte Richard Thomas. Obwohl sich diese Fassung enger an die literarische Vorlage hält und zudem mit modernen technischen Mitteln und in Farbe gedreht wurde, ist der Film weniger bewegend als der von Milestone. Das mag auch daran liegen, dass die ältere Version die umstrittenere ist und sich gegen viele Anfeindungen aus nationalistischen Kreisen sowie von Linken durchsetzen musste.

Anmerkungen und Erläuterungen zum Text

Die Seitenangaben beziehen sich auf die zugrunde gelegte Textausgabe.

Seite	Begriff	Erläuterung
7	Gulaschkanone	Anhänger, in den ein oder mehrere Kochstellen integriert sind. Fanden in Kriegszeiten in der Feldküche Verwendung.
8	Furier	Unteroffizier, der für die Verpflegung des Heeres zuständig ist
8	Quantum	Menge, Anzahl
8	Notexamen	verkürzte Abschlussprüfung, um den jungen Kriegsteilnehmern des Ersten Weltkriegs einen schulischen Abschluss zu ermöglichen
9	Kommißbrot	einfaches, haltbares Schwarzbrot zur Versorgung der Soldaten
11	Furage	Futter für die Pferde, auch Essen für die Soldaten (Soldatensprache)
12	Rekrut	neu eingestellter Soldat
14	Flakgeschosse	Flugabwehrkanonengeschosse
19	Tornister	beim Militär üblicher Rucksack, mit Fell- oder Stoffbespannung
26	Korporal	unterster militärischer Dienstgrad
43	Kommiß	Truppe, Wehrmacht

44	Muskote	Synonym für: einfacher Soldat
46	Garnison	ständiger Aufenthaltsort von Truppen
47	Klopfpeitsche	kleine Peitsche, die ursprünglich zum Ausklopfen von Staub auf militärischen Uniformen verwendet wurde, später auch: Züchtigungsinstrument
49	schanzen	Anlegen von Schützengräben
50	militärisches Laubhüttenfest	Wortspiel. Das Laubhüttenfest ist ein jüdisches Fest, vergleichbar dem christlichen Erntedankfest.
50	Kattun	schwerer Beschuss (Soldatensprache)
50	Tommys	in Deutschland bis nach dem Zweiten Weltkrieg gängige Bezeichnung für englische Soldaten
55	Schlamassel	aus dem Jiddischen: Unglück, Pech
71	große Flosse	umgangssprachlich für „Hand“
78	Göttinger Hainbund, Karl der Kühne, Schlacht bei Zama	bürgerliche Bildungsinhalte, die im Kaiserreich an höheren Schulen gelehrt wurden
79	Stutzertum	Haltung, die von übertriebenem Mode- und Schönheitsbewusstsein geprägt ist
79	Rentier	veralteter Begriff für einen Privatier, der von seinen Einkünften oder seinem Vermögen lebt
103	spanische Reiter	Barrieren, meist aus x-förmig zusammengebundenen und angespitzten Stangen

117	Schrapnell	Sonderform der Artillerie-granate
127	Fronttheater	Theater, das in der Nähe der Front spielte, um die Soldaten bei Laune zu halten
141	Plätterinnen	veralteter Begriff für „Büglerinnen“. Die Plätterinnen hatten noch kein Bügeleisen, sondern eine Vorform, die Plätteisen.
149	Franzmann	umgangssprachliche, despektierliche Bezeichnung für Franzosen
168	revidieren	kontrollieren, begutachten
170	Juchten	auch: Juchtenleder; besonders weiches, wasserdichtes Leder
247	k. v.	soldatische Abkürzung für „kriegsverwendungsfähig“
248	a. v.	soldatische Abkürzung für „arbeitsverwendungsfähig“, also nicht kriegstauglich
248	g. v.	soldatische Abkürzung für „garnisonsverwendungsfähig“

Literaturhinweise

Textausgaben

Erich Maria Remarque: *Im Westen nichts Neues*. Hrsg. von Thomas F. Schneider. Köln: Kiepenheuer & Witsch 2014.

Ernst Jünger: *In Stahlgewittern*. Stuttgart: Klett-Cotta 1978.

Edlef Köppen: *Heeresbericht*. Hamburg: Nikol 2012. [Der reformierten Rechtschreibung folgende Neuauflage der Originalausgabe von 1930 im Horen-Verlag, Berlin.]

Sekundärliteratur

Bekes, Peter: *Erich Maria Remarque, „Im Westen nichts Neues"*. München: Oldenbourg 1998.

Cabanes, Bruno / Duménil, Anne: *Der Erste Weltkrieg – Eine europäische Katastrophe*. Darmstadt: Theiss 2013.

Keiser, Wolfhard: *Erich Maria Remarque – „Im Westen nichts Neues"*. Hollfeld: Bange 2012.

Klose, Werner: „Deutsche Kriegsromane". In: *Deutsche Romane von Grimmelshausen bis Walser*. Hrsg. von Jakob Lehmann. Königstein/Ts.: Scriptor 1983. S. 289–308.

Kruse, Wolfgang: *Der Erste Weltkrieg*. Darmstadt: Wissenschaftliche Buchgesellschaft 2009.

Rüter, Hubert: *Remarque – „Im Westen nichts Neues". Ein Bestseller der Kriegsliteratur im Kontext*. Paderborn: Ferdinand Schöningh 1980.

Sternburg, Wilhelm von: *„Als wäre alles das letzte Mal". Erich Maria Remarque. Eine Biographie*. Köln: Kiepenheuer & Witsch 2000.

Sauder, Gerhard: *Die Bücherverbrennung. Zum 10. Mai 1933*. München: Hanser 1983.

Internetadressen
(Letzter Zugriff: Mai 2014)

http://www.remarque.uni-osnabrueck.de/
(Webseite des Erich Maria Remarque-Friedenszentrums in Osnabrück mit zahlreichen Hinweisen zu Leben und Werk von Remarque)

http://www.remarque-gesellschaft.de/
(Webseite der Erich Maria Remarque Gesellschaft e.V.)

http://imwestennichts.wordpress.com/
(Zur Entstehung der Graphic Novel *Im Westen nichts Neues* von Peter Eickmeyer)

Prüfungsaufgaben und Lösungen

1. Kamerad Kemmerich (Textanalyse)
2. Heimaturlaub (Textanalyse)
3. Im Heidelager (Textanalyse)
4. Kriegsbegeisterung (Textvergleich)
5. Kriegspropaganda oder Anti-Kriegsroman? (Erörterung)
6. Die Duval-Episode (Textanalyse)
7. Nach der Schlacht (Textvergleich)
8. Vergleich des Romanschlusses von *Heeesbericht* und *Im Westen nichts Neues* (Textvergleich)

1 Kamerad Kemmerich

Textgrundlage

Im Westen nichts Neues, Kap. 1, S. 18 („Bevor wir zu Kemmerich aufbrechen") bis S. 22 („‚Erledigt', sagt Müller abschließend")

Aufgabenstellung

1. Ordnen Sie die vorliegende Szene kurz in den Gesamtzusammenhang des Romans ein.
2. Analysieren Sie die Textstelle. Charakterisieren Sie die beteiligten Personen und beschreiben Sie ihr Handeln.
3. Erläutern Sie die Erzählweise und ihre Wirkung.

Lösungsvorschlag

Zu 1

Der Textauszug stammt aus dem ersten Kapitel. Ihm geht die Rückblende voran, in der erzählt wird, wie Kantorek, der Klassenlehrer der jungen Soldaten um Paul Bäumer, seine Schüler animiert hat, sich freiwillig zum Kriegsdienst zu melden. Der Ich-Erzähler hat inzwischen erkannt, dass seine Generation verführt wurde und dass die Realität im Krieg ganz anders ist, als in heroischen Worten vorhergesagt wurde. Die vorliegende Szene veranschaulicht das Grauen des Krieges am Beispiel von Kemmerich, dem ein Bein amputiert wurde, was er zum Zeitpunkt der Erzählung noch nicht weiß, und der noch im Feldlazarett sterben wird. Nach dieser Szene wird bis zum Ende des Kapitels kurz die Reaktion der Kameraden geschildert: Kropp ist schier verzweifelt angesichts dessen, was er im Lazarett gesehen hat; der Erzähler nennt es „Frontkoller". Dann kommt Kantorek wieder ins Spiel. Er hat Kropp einen Brief geschrieben, in dem er seine ehemaligen Schüler als „eiserne Jugend" bezeichnet. Auf dem Hintergrund des soeben Erlebten sind die jungen Soldaten wütend über diese Bezeichnung, die ihnen absolut falsch erscheint.

Zu 2:

Zu Beginn des Textauszugs kehrt der Ich-Erzähler mit seiner Darstellung in die Erzählgegenwart zurück. Der Auszug gliedert sich in folgende Abschnitte:
- Beschreibung des Feldlazaretts und Zusammentreffen mit Kemmerich
- Beschreibung Kemmerichs
- Erinnerung an Kemmerichs Abschied von zu Hause
- Gespräch über Kemmerichs Fliegerstiefel
- Fieberanfall Kemmerichs und Einsatz der Kameraden für die Morphiumgabe.

Hauptakteure in dieser Szene sind neben Kemmerich, der sich weitgehend passiv verhält, Kropp und Müller. Kropp zeigt sich mitfühlend und macht Kemmerich Hoffnung auf ein baldiges Nach-Hause-Kommen. Er sagt ihm aber ebenso wenig wie seine Kameraden die Wahrheit über seinen körperlichen Zustand. Müller scheint eher praktisch veranlagt. Er möchte die neuen Fliegerstiefel, die der beinamputierte Kemmerich nie mehr brauchen wird, gerne für sich haben, bevor sie den Sanitätern in die Hände fallen. Dabei ist seine Haltung von Nützlichkeitsdenken, nicht von Habgier geprägt.

Zu 3:

In dieser Szene wechseln Beschreibung, Schilderung (bei der Rückblende) und szenische Darstellung ab. Die Beschreibung und Schilderung stammen vom Ich-Erzähler und dienen der Information über Sachverhalte, die Zustände im Feldlazarett, die Kameraden Paul Bäumers, das Aussehen Kemmerichs und seine Wirkung auf die Freunde, über den Abschied von Kemmerich und seiner Mutter usw.
Die szenischen Darstellungen dienen der Wiedergabe der Stimmung und der Charakterisierung der Personen. So wird man in dem Dialog zwischen Kropp und Kemmerich über den Zustand Kemmerichs informiert; im Dialog zwischen Kemmerich und Müller über die Fliegerstiefel lernt man Müller als praktisch denkenden Menschen kennen; der Dialog zwischen Kropp und dem Sanitäter zeigt Kropps Mitgefühl mit Kemmerich.

2 Heimaturlaub

Textgrundlage

Im Westen nichts Neues, Kap. 7, S. 163 („Es ist der letzte Abend zu Hause") bis S. 166 („Ich hätte nie auf Urlaub fahren dürfen")

Aufgabenstellung

1. Fassen Sie den Inhalt des Textauszugs in eigenen Worten zusammen.
2. Beschreiben Sie die Beziehung zwischen Mutter und Sohn und zeigen Sie auf, wie der Heimaturlaub Paul Bäumers Sicht auf den Krieg verändert.
3. Untersuchen Sie die Erzählweise und stellen Sie dar, welche Wirkung der Autor damit erzielt.

Lösungsvorschlag

Zu 1:

In der letzten Nacht seines Heimaturlaubs wacht Paul Bäumers Mutter an seinem Bett. Obwohl ihr Sohn das bemerkt, stellt er sich schlafend, weil er nicht reden will. Erst als er es nicht mehr aushält, tut er, als wäre er eben erwacht, und spricht mit seiner Mutter. Dabei wird nicht nur ihre mütterliche Sorge um den Sohn deutlich, sondern auch das Verantwortungsgefühl des Sohns gegenüber der Mutter. Am Ende zeigt sich, wie emotional belastend für den Erzähler der Urlaub zu Hause gewesen ist, wie schwer es ihm fällt, an die Front zurückzukehren.

Zu 2:

Mutter und Sohn Bäumer sind sehr eng miteinander verbunden. Sie nennt ihren inzwischen 19-jährigen Sohn „mein Kind" (165); er spricht sie in Gedanken doppelt an: „Ach Mutter, Mutter" (164).

Die Mutter
- liebt ihren Sohn, sorgt sich um ihn und ist froh, dass er da ist, was ihr nächtliches Ausharren an seinem Bett zeigt;
- sorgt sich um ihren Sohn bezüglich der Frauen in Frankreich und rät ihm, von ihnen die Finger zu lassen;
- sorgt sich um sein Wohlergehen an der Front und rät ihm, selbst dann eine ungefährliche Tätigkeit (z. B. in der Küche) anzunehmen, wenn die Freunde lachen;
- hat ihm noch neue wollene Unterhosen besorgt, um ihm den Fronteinsatz erträglicher zu machen.

Paul Bäumer
- liebt seine Mutter, sorgt sich um sie, als sie nachts in der Kälte an seinem Bett sitzt;
- versucht seine Mutter so gut es geht zu beruhigen („Es geht ja nicht sofort ins Feld", 164);

- sagt seiner Mutter nicht alles, was ihm an Sorgen und Ängsten durch den Kopf geht, um sie zu schonen und von trübseligen Gedanken abzuhalten;
- verleiht seiner Sorge um die Mutter sprachlichen Ausdruck („Nun mußt du schlafen gehen, Mutter", 165).

Am Ende des Textausschnitts sagt Paul Bäumer selbst: „Ich hätte nie auf Urlaub fahren dürfen" (166). Das ist für ihn das Ergebnis seines Besuchs in der Heimat. Bisher hat er nach dem Motto ‚Augen zu und durch' an der Front für die Menschen in der Heimat gekämpft – das ist nun vorbei. Er hat erkannt, dass der Krieg keine Probleme zu lösen vermag, dass er nur alle Menschen unglücklich macht – Zivilisten und Soldaten gleichermaßen. Deshalb kann Bäumer auch (nach eigener Aussage) kein Soldat mehr sein.

Zu 3:

Remarque verwebt die innere und die äußere Handlung zu einer kontrastreichen Einheit. Es gibt einerseits die Ebene des Ich-Erzählers, daneben die szenische Darstellung. Auf der Ebene der szenischen Darstellung fallen Äußerungen – besonders von der Mutter –, die im Kontrast zu dem stehen, was der Erzähler denkt. Andererseits steht das, was der Erzähler denkt, im Widerspruch zu den Äußerungen der Romanfiguren. So antwortet Bäumer auf die Frage seiner Mutter „Fürchtest du dich sehr?" (164) mit „Nein, Mutter" (ebd.), auf den Hinweis der Mutter „Nimm dich vor den Frauen in acht in Frankreich" (ebd.) reagiert er mit einem inneren Monolog: „Ach Mutter, Mutter! Für dich bin ich ein Kind" (ebd).

3 Im Heidelager

Textgrundlage

Im Westen nichts Neues, Kap. 8, S. 171 („Ich bin öfter auf Wache“) bis S. 173 („[…] voll Zuflucht sind“)

Aufgabenstellung

1. Ordnen Sie den Textauszug in den Gesamtzusammenhang ein und fassen Sie ihn in eigenen Worten zusammen.
2. Klären Sie, wie die russischen Kriegsgefangenen beschrieben werden und welche Haltung zum Krieg der Ich-Erzähler hier zeigt.

Lösungsvorschlag

Zu 1:

Der Ich-Erzähler kommt nach seinem Heimaturlaub direkt in das Ausbildungslager in der Heide, wo er auf den folgenden Fronteinsatz vorbereitet werden soll.
Angrenzend an das Soldatenlager sind russische Kriegsgefangene interniert, die Paul Bäumer anfangs nur aus der Ferne und als diffuse Menge wahrnimmt. Der Kontakt zu den Gefangenen ist anfangs nur sporadisch, gegen Ende des Textauszugs wird er intensiver, Paul Bäumer teilt sogar mit einem der Gefangenen eine Zigarette – damals ein begehrtes Gut. Im Verlauf dieser Entwicklung denkt der Ich-Erzähler intensiv über die Entstehung eines Krieges sowie über die Rolle des „kleinen Mannes“ im Krieg und die Menschheitsverbrüderung als tieferer Sinn eines Krieges nach.

Zu 2:

Zu Beginn des Textausschnitts beschreibt der Ich-Erzähler die russischen Kriegsgefangenen aus der Distanz des unbeteiligten, aber interessierten Beobachters. Anfangs verwendet er Bilder zur Beschreibung der Gefangenen. Er spricht – unpersönlich – von „Gestalten“ (171), die er mit „kranke[n] Störche[n]“ und „große[n] Vögel[n]“ (ebd.) vergleicht. Dazu passt die Situation, in der er sie beschreibt und durch die eine Käfigatmosphäre entsteht: „Sie kommen dicht an das Gitter heran und legen ihre Gesichter dagegen“ (ebd.). Hier wird die leidende Kreatur gezeigt – der Mensch, der dem Tier ganz ähnlich ist. Einige Abschnitte später wird genau dieser Gedanke vom Ich-Erzähler ausdrücklich thematisiert: „Jetzt aber empfinde ich hinter ihnen nur den Schmerz der Kreatur, die furchtbare Schwermut des Lebens und die Erbarmungslosigkeit der Menschen“ (172).
Der Ich-Erzähler erwähnt, dass es sich bei den russischen Gefangenen für ihn um Unbekannte handelt und dass sein Verhältnis zu ihnen anders wäre, wenn er mehr über sie wüsste („Ihr Leben ist namenlos […] – wüßte ich mehr von ihnen, wie sie heißen, wie sie leben, was sie erwarten, was sie bedrückt, so hätte meine Erschütterung ein Ziel und könnte zu Mitleid werden“, ebd.).

Diese Erkenntnis überträgt der Erzähler auf die Kriegssituation. Meinung, könne es nur zu einer Feindschaft kommen, weil sich kennen würden. Deshalb würde ein „Befehl" reichen, diese Män zu Freunden zu machen (vgl. ebd.).

Er kommt zu dem Schluss, dass die Feindschaft systembedingt, nicht persönlich ist: „Jeder Unteroffizier ist dem Rekruten, jeder Oberlehrer dem Schüler eine schlimmerer Feind als sie uns. Und dennoch würden wir wieder auf sie schießen und sie auf uns, wenn sie frei wären." (Ebd.)

Mit den Worten „Ich erschrecke" (ebd.) deutet der Ich-Erzähler an, dass er Gedanken und Gefühle entwickelt, die nicht in seine momentane Situation passen. Er beschwört sie aber, wenn auch „noch nicht die Zeit dazu" ist. Vermutlich handelt es sich um pazifistische Ideen, wie etwa den Gedanken der Völkerverbrüderung, die für ihn im Heidelager im direkten Kontakt mit den Russen greifbar werden.

riegsbegeisterung

Textgrundlage

Im Westen nichts Neues, Kap. 1, S. 15 („Kantorek war unser Klassenlehrer") bis S. 18 („[…] und wir mußten allein damit fertig werden") und Kap. 7, S. 148 („Aber mit den Leuten kann ich nicht fertig werden") bis S. 151 („Aber ich breche auf")

Aufgabenstellung

1. Ordnen Sie die vorliegenden Szenen kurz in den Gesamtzusammenhang des Romans ein.
2. Vergleichen Sie die beiden Textauszüge inhaltlich. Analysieren Sie die Einstellung der Personen zum Krieg.
3. Untersuchen Sie die Darstellung der Personen und zeigen Sie, welche Wirkung der Autor damit erzielt.

Lösungsvorschlag

Zu 1:

Die erste Szene, die Kantorek-Szene, folgt auf die Darstellung der Latrinensitzung am Anfang des Romans. Anlass für diesen Rückblick, in dem Klassenlehrer Kantorek im Mittelpunkt steht, ist die Aussage Müllers, Kantorek habe ihm einen Brief geschrieben.
Die zweite Szene, in der es um die Situation in der Truppe und die Möglichkeiten zu einem deutschen Sieg geht, folgt auf die Begegnung mit dem Major, der auch in der Heimat erwartet, standesgemäß gegrüßt zu werden.

Zu 2:

Im ersten Textauszug wird beschrieben,
- wie Kantorek seinen Schülern nahelegte, sich ‚freiwillig' zum Kriegsdienst zu melden;
- wie Behm dann als Erster im Krieg gefallen ist;
- welche Verantwortung Menschen wie Kantorek, die der Jugend als Vorbild gelten, in solchen kritischen Zeiten tragen;
- dass der Ich-Erzähler erkannt hat, dass die Welt, in der der aufgewachsen ist und die ihm Sicherheit gegeben hat, nun zusammenbricht.

Im zweiten Textauszug wird beschrieben,
- dass die Menschen, die nicht in den Krieg ziehen mussten, ein gespaltenes Verhältnis zum Krieg haben. Einerseits wollen sie immer Neuigkeiten von der Front hören, andererseits wissen sie zu Hause alles besser als diejenigen, die von der Front kommen und berichten.

In Textausschnitt 1 zeigt sich nur Kantorek als Befürworter des Krieges, er sorgt mit seinen patriotischen Reden dafür, dass seine Schüler sich geschlossen zum Kriegsdienst melden. Diese stehen dem Krieg anfangs auch positiv gegenüber – darum haben sie sich ja gemeldet –, nach den ersten Erfahrungen in der Etappe und an der Front ändert sich ihre Einschätzung aber.
In Textausschnitt 2 ist es vor allem der Direktor, der den Krieg befürwortet. Er hofft auf große Gebietsgewinne, eine Vormachtstellung Deutschlands und mehr Ansehen letztlich für ihn selbst. Damit vertritt er die Siegeserwartung großer Teile der bürgerlichen Oberschicht in Deutschland, der Industrie und des hohen Militärs sowie der nationalen und nationalistisch gesinnten Politiker.

Zu 3:

Remarque zeichnet die Figuren stark schwarz-weiß: Die Soldaten an der Front, die tagtäglich mit den Schrecknissen des Krieges konfrontiert sind, lehnen den Krieg ab. Diejenigen, die den Krieg nur vom Hörensagen kennen wie der Lehrer Kantorek oder der Direktor, rücken die patriotischen Motive in den Vordergrund und sprechen sich für den Krieg aus. Kantorek tut dies bereits vor Kriegsbeginn, der Direktor auch später, als der deutsche Niedergang eigentlich schon offenkundig ist.

5 Kriegspropaganda oder Anti-Kriegsroman?

Aufgabenstellung

Die Rezensionen des Romans *Im Westen nichts Neues* bewegen sich zwischen der Einschätzung, der Roman sei entweder der „Kriegspropaganda" (Karl Hugo Sclutius, 1929) oder den Anti-Kriegsromanen zuzurechnen.
Nehmen Sie zu diesen Extrempositionen begründet Stellung und erarbeiten Sie daraus eine eigene Einschätzung des Romans.

Lösungsvorschlag

1. Szenen, in denen der Krieg zu positiv dargestellt bzw. verharmlost wird:
   - die Idylle der Latrinensitzung (Kap. 1)
   - Paul Bäumer auf „Gänsejagd" (Kap. 5)
   - das Liebesabenteuer mit den Französinnen (Kap. 7)
   - die Beziehung von Paul Bäumer zu seiner Mutter (Kap. 7)
   - Darstellung der Russen im Heidelager (Kap. 8)
   - die Episode mit Lewandowski und seiner Frau (Kap. 10)

   Allgemeine Aspekte, die zu positiv dargestellt werden:
   - die gelebte Kameradschaft unter den Soldaten
   - Paul Bäumers Beziehung zu Katczinsky

2. Aspekte, die dafür sprechen, dass der Krieg mit all seinen Schrecknissen und Gräueln dargestellt wird und der Roman deshalb als Anti-Kriegsroman gelten kann:
   - Kemmerichs Verwundung und Tod (Kap. 1 und 2)
   - die Pferde-Episode (Kap. 4)
   - der Gasangriff (Kap. 4)
   - Darstellung des Trommelfeuers (Kap. 6)
   - die Duval-Episode (Kap. 9)
   - der Tod von Paul Bäumers Kameraden (Kap. 11)
   - der Tod Katczinskys (Kap. 11)
   - Paul Bäumers Tod (Kap. 12)

3. Zusammenfassung:
   - Bei den Szenen, die den Krieg verharmlosen, handelt es sich um Einzelszenen, die aber insgesamt aus dem Gesamtkontext nicht wegzudenken sind.
   - Der Krieg und seine Gräuel werden drastisch dargestellt.
   - Es wird auch deutlich, dass der Krieg niemanden unberührt lässt. Nicht nur die Soldaten sind davon betroffen, sondern auch die Zivilisten, die in der Heimat geblieben sind; sie sorgen sich um ihre Söhne und Ehemänner an der Front und sparen sich für sie Nahrungsmittel vom Mund ab.
   - Am Ende des Romans sind alle Soldaten, die mit Paul Bäumer in den Krieg gezogen sind, tot. Wenn sie zwischenzeitlich leichtere Tage an der Front, in der Etappe oder in der Heimat verbringen konnten, ändert das nichts am schrecklichen Ausgang für jeden Einzelnen.

6 Die Duval-Episode

Textgrundlage

Im Westen nichts Neues, Kap. 9, S. 191 („Gerade will ich mich etwas umdrehen“) bis S. 203 („Was habe ich nur für einen Unsinn zusammengefaselt“)

Aufgabenstellung

1. Fassen Sie den Textauszug kurz in eigenen Worten zusammen.
2. Untersuchen Sie dessen sprachliche Gestaltung und erklären Sie Auffälligkeiten.
3. Beschreiben Sie, wie sich das Verhältnis von Paul Bäumer zu dem französischen Soldaten entwickelt.

Lösungsvorschlag

Zu 1:

Bei einem Gefechtseinsatz verliert Paul Bäumer den Kontakt zu seiner Einheit und beschließt, die Nacht über in einem mit Wasser gefüllten Bombentrichter zu verbringen. Sein Plan ist es, am nächsten Morgen wieder aufzubrechen und seine Kompanie zu suchen. Doch bis es soweit ist, geschieht so einiges: Für Bäumer völlig überraschend fällt ein Soldat zu ihm in den Trichter. Bäumer erschrickt und stößt mit seinem Messer auf den Mann ein. Dabei verwundet er diesen tödlich – sein Sterben dauert allerdings mehrere Stunden. Diese Zeit verbringen die beiden miteinander in Paul Bäumers Versteck, weil keiner den Trichter verlassen kann – der Franzose wegen seiner schweren Verwundung, Paul Bäumer wegen des feindlichen Beschusses. Während Bäumer anfangs in dem Franzosen einen Gegner sieht, wandelt sich seine Sicht immer mehr, bis er am Ende erkennt, dass der Mann ein einfacher Soldat ist wie er selbst – und damit ebenfalls ein Opfer in diesem sinnlosen Krieg. Am Abend des folgenden Tages wagt sich Paul Bäumer aus seiner Deckung und findet seine Kameraden.

Zu 2:

Paul Bäumer befindet sich in der vorliegenden Szene in einem emotionalen Ausnahmezustand: Er hat zum ersten Mal in seinem Leben einen Menschen getötet und muss nun Stunden um Stunden zusammen mit diesem in dem schützenden Bombentrichter ausharren. Das extrem Belastende dieser Situation findet auch sprachlich Ausdruck:
Im Bereich der Syntax sind Parataxen vorherrschend. Sie ermöglichen kurze, emotional aufgeladene Aussagen zu den Vorgängen bzw. zur inneren Handlung, ohne Begründungszusammenhänge herstellen zu müssen („Ich möchte ihm den Mund zuhalten, Erde hineinstopfen, noch einmal zustechen, er soll still sein, er verrät mich“, 192). Durch die Reihung von Aussagen können diese begrifflich auch noch nachträglich konkretisiert werden („wie ein Schrei, ein Donnern“, ebd.).

Die verwendeten sprachlichen Mittel dienen vor allem der Vermittlung der Emotionalität des Geschehens. Auffällig sind Wortwiederholungen („warte, warte", 193), auch in Variation („Der Körper ist still, völlig ruhig", 194), sowie ausdrucksstarke Adjektive („blutige Hand", „jähe Übelkeit", 193).

Zu 3:

Bäumers Beziehung zu dem französischen Soldaten ist geprägt von einem Auf und Ab der Gefühle. Zu Beginn der Szene ist der Franzose für ihn ein völlig Fremder. Er nimmt ihn nicht einmal als individuellen Menschen wahr. Für ihn ist er die Verkörperung des „Feindes" schlechthin, er spricht deshalb anfangs auch nur von dem „Körper" (191), der zu ihm in den Trichter gefallen ist und auf den er eingestochen hat. Sobald Bäumer die Wahrnehmung zulässt, dass es sich um ein Individuum handelt, spricht er von ihm zuerst als dem „anderen" (192 f.), später bezeichnet er ihn dann als „Gestalt" (193); als er ihn beim ersten Tageslicht betrachten kann, ist er für ihn schon ein „Mann" (ebd.). Erst nach dem Tod des französischen Soldaten, als Bäumer dessen Brieftasche untersucht, stößt er auf den Namen und den Beruf: Gérard Duval, Buchdrucker.
Paul Bäumer ist völlig durcheinander, als er bemerkt, dass er den Fremden, der zu ihm in den Trichter gefallen ist, tödlich verletzt hat. Am Anfang steht die Abwehr mit dem Messer, dann hält er die Gegenwart des Verwundeten kaum aus, spielt sogar mit dem Gedanken, ihn sofort zu töten („noch einmal zustechen", 192). Er baut eine räumliche Distanz auf, indem er „in die entfernteste Ecke" (ebd.) kriecht und zu seinem eigenen Schutz sein Messer fest umgreift. Er verspürt nur den Wunsch, „wegzukommen" (ebd.), was ihm aber nicht möglich ist. Als er sein Opfer dann wegen des ersten Tageslichts besser erkennen kann, überkommt ihn Mitleid. Er versucht es ihm im Trichter angenehmer zu machen, indem er ihn bequemer hinsetzt. Dann will er ihm Linderung verschaffen, indem er seine Wunden verbindet, auch um sich vor anderen französischen Soldaten rechtfertigen zu können. Schließlich nennt er ihn sogar „Kamerad, camarade" (195). Als er bemerkt, dass Duvals Qualen unerträglich werden, spielt er kurz mit dem Gedanken, ihm den Gnadenschuss zu geben, was aber nicht möglich ist, da er den Revolver verloren hat.
Am Ende der Szene ist Bäumers Stimmung aber schon wieder umgeschlagen. Selbst in Sicherheit, redet er sich ein, an einem ganz normalen Kriegsgeschehen beteiligt gewesen zu sein, und nennt seine Gedanken, die von Mitleid geprägt waren, „Unsinn", den er im Trichter „zusammengefaselt" hat (vgl. 203).

7 Nach der Schlacht

Textgrundlage

Ernst Jünger, *In Stahlgewittern*, Stuttgart: Klett-Cotta 1978, S. 245 f. (siehe unten), und Erich Maria Remarque, *Im Westen nichts Neues*, Kap. 4, S. 66 („Die Einschläge haben aufgehört“) bis S. 68 („Es beginnt zu regnen“)

> „Am Nachmittag setzte ich mich in ein Lastauto und fuhr nach Lécluse, wo ich dem Oberst von Oppen beim Abendessen Bericht erstattete. Nachdem ich halb im Schlaf, aber in vorzüglicher Stimmung mit ihm eine Flasche Wein geleert hatte, verabschiedete ich mich und warf mich nach diesem gewaltigen Tage mit einem Feierabendgefühl in das Bett, das mir mein treuer Vinke bereitet hatte […]. Mit Recht durfte ich stolz auf meine Leute sein. Kaum achtzig Mann hatten ein langes Grabenstück erobert, eine Menge Maschinengewehre, Minenwerfer und Material erbeutet und zweihundert Gefangene gemacht. Ich hatte die Freude, eine Reihe von Beförderungen und Auszeichnungen verkünden zu können. So hefteten Leutnant Hoppenrath, der Führer der Stoßtruppen, Fähnrich Neupert, der Blockhausstürmer, und auch der kühne Barrikadenverteidiger Kimpenhaus das wohlverdiente Eiserne Erster an die Brust.
> Ich behelligte wegen meiner fünften Doppelverwundung nicht erst die Lazarette, sondern ließ sie während eines Weihnachtsurlaubs zuheilen. Der Riß am Hinterkopf schloß sich schnell, der Splitter an der Stirn wuchs ein, um zwei anderen, die noch von Regniéville her in der linken Hand und im Ohrläppchen saßen, Gesellschaft zu leisten. Während dieser Zeit wurde ich durch das Ritterkreuz des Hausordens von Hohenzollern überrascht, das man mir von draußen nachsandte.
> Dieses goldgerandete Kreuz und ein silberner Pokal mit der Inschrift „Dem Sieger von Mœuvres“, den mir die drei anderen Kompanieführer des Bataillons verehrten, sind meine Erinnerungszeichen an die Doppelschlacht von Cambrai, die als ein erster Versuch, die tödliche Schwerkraft des Stellungskrieges durch neue Methoden zu überwinden, in die Geschichte eingehen wird.“

Aufgabenstellung

Vergleichen Sie die beiden Romanauszüge in Bezug auf Inhalt, Sprache, Figurendarstellung und Standpunkt des Erzählers.

Lösungsvorschlag

Inhalt:

Im Text von Ernst Jünger wird die Situation nach der „Doppelschlacht von Cambrai“, so auch der Titel des Kapitels, beschrieben. Dabei ist nicht von Toten oder Verwundeten, sondern nur von den Erfolgen auf deutscher Seite, in der Kompanie des Ich-Erzählers, die Rede.

Der Auszug aus *Im Westen nichts Neues* folgt auf den ersten Fronteinsatz der Gruppe um Paul Bäumer. Der Erzähler schildert die Situation auf dem bombardierten Jägerfriedhof: Die Soldaten stoßen auf einen verwundeten Rekruten, den sie notdürftig verarzten. Danach bringen die Soldaten ihre verwundeten Kameraden zur Sanitätsstation.

Sprache:
Der Erzähler in Jüngers Roman verwendet eine sachliche und präzise Sprache. In seinem Kriegsbericht gibt es genaue Zeit- und Ortsangaben („Am Nachmittag“, „4. Dezember“, „Lécluse“), auch die Personen werden immer mit ihren Titeln genannt („Leutnant Hoppenrath“, „Fähnrich Neupert“). Die Sätze sind häufig im hypotaktischen Stil gestaltet; sie erklären die Zusammenhänge oder geben Begründungen („Am Nachmittag setzte ich mich in ein Lastauto und fuhr nach Lécluse, wo ich dem Oberst von Oppen beim Abendessen Bericht erstattete“). Auffallend häufig benützt der Erzähler wertende Adjektive („mein treuer Vinke“, „stolz auf meine Leute“, „das wohlverdiente Eiserne Erster“). Außerdem beginnen viele Sätze mit „ich“.
Im Roman von Remarque ist das anders. Das Ich steht nicht im Vordergrund, es ist vom „Wir“ die Rede („Zwei von unseren Toten“, „Wir gehen zurück“). Der Ich-Erzähler stellt auch nicht die Siege in den Vordergrund der Darstellung, sondern die Niederlagen („Der Friedhof ist ein Trümmerfeld“, „Unsere Verluste“, „Die Verwundeten werden zur Sanitätsstation gebracht“). Zeit- und Ortsangaben spielen in Remarques Roman nur eine untergeordnete Rolle – es soll nicht ein bestimmter Krieg bzw. eine bestimmte Situation dokumentiert, sondern die Folgen des Krieges im Allgemeinen anschaulich gemacht werden.

Figurendarstellung:
Die Figuren bei Ernst Jünger entstammen in der Regel dem höheren Militär und sind mehrheitlich positiv gezeichnet. So ist es dem Ich-Erzähler möglich, ihnen das „wohlverdiente Eiserne Erster“ (gemeint ist der Kriegsorden „Eisernes Kreuz erster Klasse“) anzuheften. Er spricht auch davon, dass er stolz „auf [s]eine Leute sein“ kann (245), da sie Gebietsgewinne gemacht und „Maschinengewehre, Minenwerfer und Material erbeutet und zweihundert Gefangene gemacht“ (ebd.) hätten. Der Ich-Erzähler selbst sieht sich in einer besonders herausgehobenen Position und betont, dass er medizinische Versorgung nicht nötig habe – im Gegensatz zu den ihm unterstellten Soldaten. Er hat seine „fünfte […] Doppelverwundung […] während eines Weihnachtsurlaubs zuheilen“ (ebd.) lassen, anstatt damit im Lazarett Hilfe zu suchen. Auch mit den anderen Verletzungen hat er es so gehalten: „Der Riß am Hinterkopf schloß sich schnell, der Splitter an der Stirn wuchs ein, um zwei anderen, die noch von Regniéville her in der linken Hand und im Ohrläppchen saßen, Gesellschaft zu leisten“ (245 f.). Die hier verwendete saloppe Ausdrucksweise soll zeigen, dass die Verletzungen den Ich-Erzähler nicht weiter beeinträchtigen, sondern den Normalzustand eines Soldaten im Krieg verkörpern.
Die Figuren im Roman *Im Westen nichts Neues* sind durchweg Verlierer des Krieges. Das gilt für den tödlich verwundeten Rekruten, von dem es heißt: „Seine Hüfte ist blutverschmiert; er ist so erschöpft, daß ich nach meiner Feldflasche greife, in der ich Rum mit Tee habe.“ (66) Es gilt aber auch für die anderen Personen. Auch Katczinsky und Bäumer erleben keine Siege, sie denken darüber nach, den Rekruten durch einen Revolverschuss von seinen Qualen zu erlösen, schießen dann aber doch nicht, weil inzwischen andere Soldaten zugekommen sind, die für diese Tat kein Verständnis aufbringen würden. Am Ende der Szene fasst Paul Bäumer die Verluste zusammen: „fünf Tote und acht Verwundete“ (68).

Standpunkt des Erzählers:
Der Erzähler bei Jünger betont die heldischen Taten, die von den Soldaten, insbesondere von den Offizieren und den höheren Rängen begangen wurden. Dabei betrachtet er das Kriegsgeschehen aus der Sicht eines fast unbeteiligten, jedenfalls außerhalb der Kampfhandlungen stehenden Beobachters – sachlich, nüchtern und ohne erkennbares Mitgefühl für die Verlierer des Krieges. Emotionen zeigt er lediglich im Hinblick auf diejenigen, die sich in den Gefechten besonders hervorgetan haben: Sie werden wegen ihrer Standhaftigkeit und der Treue zum Vaterland gelobt. Der Ich-Erzähler nimmt sich selbst nicht aus: Er findet es für richtig und selbstverständlich, „das Ritterkreuz des Hausordens von Hohenzollern" (246) überreicht zu bekommen. Schließlich geht er davon aus, dass seine neuen Methoden, die „tödliche Schwerkraft des Stellungskrieges" (ebd.) zu überwinden, „in die Geschichte eingehen" (ebd.) werden.
Der Erzähler zeigt sich in diesem Textauszug als Befürworter des Krieges, den er positiv darstellt. Er sieht den Krieg als Möglichkeit für die Soldaten, sich zu bewähren und dabei Erfahrungen zu sammeln, die sie von ihren Altersgenossen positiv abheben.
Der Erzähler in Remarques Roman stellt den Krieg als grundsätzlich negativ dar. Nomen wie „Trümmerfeld", „Särge" und „Leichen" und Verben wie „getötet", „zerfetzt", „verwüstet" kommen nicht zufällig vor, ebenso wie die Handlung hier nicht zufällig auf dem Jägerfriedhof spielt und die Toten von einst noch einmal in ihrer Ruhe gestört werden. Auch im Umgang der Soldaten untereinander herrscht eine Ausdrucksweise vor, die den Krieg nicht beschönigt („Wo hat's dich erwischt, Kamerad?", 66).

8 Vergleich des Romanschlusses von *Heeresbericht* und *Im Westen nichts Neues*

Textgrundlage

Edlef Köppen, *Heeresbericht*, Hamburg: Nikol 2012, S. 394–396 (siehe unten), und Erich Maria Remarque, *Im Westen nichts Neues*, Kap. 12, S. 257 („Es ist Herbst“) bis S. 259 („[…] daß es so gekommen war“)

15

Da Reisiger, wie man ihn findet und zum Generalkommando führt, erklärt, dass er den Krieg für das größte aller Verbrechen hält, verhaftet man ihn und sperrt ihn ins Irrenhaus.

16

Reisiger liegt in einer Isolierzelle. Das ist ein Grab, düster, kalt, mit einer bläulichen Lampe erhellt. Verschlossen die Tür, vergittert das Fenster mit dem zentimeterdicken Glas.

So, nun bin ich begraben. Nun ist es zu Ende. Jetzt wäre es notwendig meiner Mutter noch zu schreiben, dass ich hier liege. Aber das erlaubt niemand. Ich bin ja verrückt. Ich bin auf allerhöchsten Befehl eines allerhöchsten Kommandierenden Generals verrückt. Muss ja auch so sein. Ein Offizier, der ausrückt, der nicht mehr mitspielt, ist verrückt. Ausrückt verrückt, ausrückt verrückt, rückt – es ist zum Lachen, wie ich hier liege. Und dabei habe ich ihm ja gar nicht gesagt, dass ich nicht mehr mitspiele. Herr General, habe ich nur gesagt, erschießen Sie mich bitte, hier, bedienen Sie sich, aber ich gehe nicht *einen* Schritt mehr nach vorn. Das größte aller Verbrechen mach ich nicht länger … Wo sind denn auch Sie so lange gewesen? Und warum halten Sie denn die Tanks nicht auf, was? – Und, Herr, mäßigen Sie sich, hat er gesagt. Und gebrüllt habe ich, dass der Husar mit den Lackstiefeln blass geworden ist; ich denke nicht dran mich zu mäßigen, habe ich gesagt. Ich mäßige mich seit viel zu langer Zeit, und wenn ich mich schon früher nicht gemäßigt hätte, dann lebten sie alle noch, die gefallen sind. Ich behaupte so laut wie Sie es hören wollen, dass wir alle mitschuldig sind an diesem sinnlosen Verbrechen und ich dulde nicht, dass hier jetzt einer lacht, und außerdem, verlassen Sie sich darauf, kommen die Tanks gleich hier ins Dorf. – Und mich gepackt – warum habe ich mich nicht gewehrt – und mich ins Auto gelegt, festgeschnallt auf der Bahre, und unter die Bank geschoben, auf der ein Mensch ohne Beine verblutete, dass ich nass wurde im Gesicht. Und gestern hier Fahrt durch die Stadt, im vergitterten Wagen, und gelacht und gesungen – und erklärt, mit aller Inbrunst, zu allen Ärzten: Meine Herren, ich schwöre Ihnen, ich bin nicht verrückt. Ich spiele auch nicht verrückt. – Ich erkläre Ihnen bei meinem Leben: ich weiß, was ich tue und sage: Es geht um nichts anderes als darum, zu sagen: Ich, ich, ich mache den Krieg nicht mehr mit. Ich mache den Krieg nicht mehr mit. Ich weiß, ich lasse meine Kameraden im Stich, und das ist vielleicht feige. Aber ja: Ich bin feige. Ich will feige sein. Ich lege es Ihnen ja immer wieder nahe: Erschießt mich doch. Verhängt doch eure lächerlichen Kriegsgesetze über mich und erschießt mich doch. Aber ich mache nicht mehr mit. Ich will nicht länger mitschuldig sein. Es geht um mehr als um den Sieg, an den ihr ja doch genau so wenig noch glaubt wie ich. Es geht darum, dass jede Sekunde noch Menschen erschossen und erschlagen und verstümmelt werden – und weswegen? Um einer Sinnlosigkeit willen, denn wir können nicht mehr siegen. Wir haben uns da draußen jahrelang geschlagen wie kein Heer der Welt, wir haben allen Glauben gehabt, auch wenn wir Nein sagten. Nun ist es genug. Und ich mache nicht mehr mit. Und ich mache nicht mehr mit. – Aber dann lachen Sie und bedauern mich. Nehmen Sie die Hand von meiner Stirn, habe ich den Arzt angeschrien, ich will nicht getröstet werden. Ich bin nicht zu bedauern, ich bin nicht krank, ich bin nicht verrückt, ich will nicht entschuldigt werden, ich sage Ihnen, ich weiß, was ich tue. Der Krieg ist das größte Verbrechen, das ich kenne. Ich habe Schuld an ihm. Ich habe jahrelang Schuld an ihm gehabt. Durch mein Kommando sind Menschen getötet worden. Jetzt ist es aus. Lasst es mich doch büßen. Macht mich doch tot, weil ich bewusst, bewusst euch im Stich lasse. –

Aber wie ich dann weine, lachen Sie noch mitleidiger, sagen: armer, verrückter Leutnant. Und ich bin so klar wie nie vorher in meinem Leben: es ist Verbrechen, auch nur *eine* Sekunde weiter teilzuhaben an dem Mord.

17

Festungslazarett Mainz, Nervenstation. Wochenbericht 6.

13.9.18. Krankenwärter: Neuhagen.

Reisiger, Adolf, Ltn. d. R. F.A.R. 253. Befund wie in voriger Woche. Der Kranke schläft nicht, isst nicht, sieht starr vor sich hin. Wenn man mit ihm redet, hat er ständig nur einen Satz zur Antwort: »Es ist ja immer noch Krieg. Leckt mich am Arsch!«

Aufgabenstellung

Fassen Sie den Inhalt der beiden Textauszüge in eigenen Worten zusammen. Klären Sie die Erzählhaltung und erläutern Sie die verwendete Sprache.

Lösungsvorschlag

Zu 1:

Im Mittelpunkt des Schlussteils von *Heeresbericht* steht Offizier Reisiger. Er erklärt, dass er den Krieg „für das größte aller Verbrechen" hält, worauf man ihn verhaftet und ins Irrenhaus sperrt. Auch dort, in einer Isolierzelle, hält er an seiner Meinung fest. Er rekapituliert das Gespräch mit dem Kommandierenden General, das zu seiner Einweisung geführt hat. Die Sätze kreisen dabei um das Verb „mäßigen"; der General erwartet von Reisiger, er würde sich in seinen Ausführungen über den Krieg „mäßigen", insbesondere, wenn dieser immer wieder seine Schuld am Sterben der Soldaten betont und den Krieg als Verbrechen bezeichnet. Reisiger hingegen denkt gar nicht daran, sich zu „mäßigen" – er wendet dieses Wort stattdessen immer wieder hin und her, in der festen Überzeugung, dass „Mäßigung" nur noch viele weitere Kriegsopfer fordern würde. In einem zweiten Wortspiel beharrt er darauf, nicht mehr „mitzuspielen" im Krieg, von dem er jedoch erkannt hat, dass er kein Spiel ist.

Offizier Reisiger wirkt auf seine Mitmenschen verrückt, er hat aber klarer als diese erkannt, dass der Krieg unmenschlich und ein Verbrechen ist. Er hat auch erkannt, welche Verantwortung er für die ihm untergebenen Soldaten trägt, und er ist nicht länger bereit, diese Menschen für eine Sache zu opfern, hinter der er selbst nicht mehr steht. Er verweigert nun – mit allen Konsequenzen für sich selbst – die Fortführung der Kriegshandlungen und nimmt stattdessen in Kauf, für verrückt gehalten und ins Irrenhaus abgeschoben zu werden.
Als man ihn eine Woche später ärztlich untersucht, hat sich sein Zustand nicht verändert; Reisiger kann es nicht verstehen, dass immer noch gekämpft wird, und so lautet seine letzte Aussage: „Es ist ja immer noch Krieg. Leckt mich am Arsch!"

Im letzten Kapitel von *Im Westen nichts Neues* beschreibt der Ich-Erzähler Paul Bäumer zuerst die Situation: „Es ist Herbst" (197); alle seine Kameraden sind inzwischen gefallen, es ist aber die Rede von Frieden und Waffenstillstand. Er selbst kuriert die Folgen eines Gasangriffs aus – wo wird allerdings nicht gesagt. Bäumer hängt dabei seinen Gedanken nach und reflektiert seine Situation, die in dem Satz gipfelt: „Wir werden uns nicht mehr zurechtfinden können" (257).
Nach dieser Szene und damit am Ende des Romans erfährt der Leser, dass Paul Bäumer im Oktober 1918 gefallen ist, die näheren Einzelheiten – Ort und Zeit – bleiben im Dunkeln. Der auktoriale Erzähler geht nur kurz auf die Körperhaltung („wie schlafend", 259) und den Gesichtsausdruck Paul Bäumers ein („gefasst [...] als wäre er beinahe zufrieden", ebd.) – im Gegensatz zu Köppens Roman ein fast harmonisches Ende.

Zu 2:

Beide Romane zeigen die gleiche Erzählhaltung, sie berichten aus der Perspektive eines Ich-Erzählers. Dieser ist ein am Kriegsgeschehen beteiligter Soldat – Reisiger in *Heeresbericht*, Bäumer in *Im Westen nichts Neues*. Beide Erzähler lehnen den Krieg ab, was sich auch in der Verwendung der Begrifflichkeit zeigt.
Das Ende von *Heeresbericht* ist von Reisigers Schimpftiraden geprägt. Er nennt den Krieg das „größte aller Verbrechen" und weigert sich, sich „zu mäßigen" – etwa wenn er mit dem General spricht, der ihn für verrückt erklärt. Er behauptet vielmehr, sie alle seien „mitschuldig [...] an diesem sinnlosen Verbrechen".
Paul Bäumer reflektiert am Ende ebenfalls seine Situation. Er ist in der Wortwahl aber deutlich gemäßigter als Reisiger. In seinen Gedanken stehen positiv besetzte Begriffe wie „Lebensgier", „Heimatgefühl" und „Rettung" im Vordergrund. Ihm gelingt es auch, den Schönheiten der Natur positive Eindrücke abzuringen („Die Bäume hier leuchten bunt und golden, die Beeren der Eberesche stehen rot im Laub").
Beiden Romanen ist gemeinsam, dass die Schlusszeilen nicht vom Ich-Erzähler verfasst sind, sondern von einem Außenstehenden: vom diensthabenden Arzt im Festungslazarett Mainz im Falle Reisigers, von einem auktorialen Erzähler im Falle Bäumers. Diese außenstehenden Erzähler schließen den Roman ab, indem sie über den Zustand der Hauptperson, des bisherigen Erzählers, berichten. Von Reisiger heißt es, dass sein Zustand unverändert sei, was mit dem wörtlichen Zitat aus der Krankenakte belegt werden soll. In *Im Westen nichts Neues* erwähnt der auktoriale Erzähler kurz den Tod Paul Bäumers im Oktober 1918.

Stichwortverzeichnis

Bertolt Brecht
Der gute Mensch von Sezuan
ISBN 978-3-12-923081-7

Bertolt Brecht
Leben des Galilei
ISBN 978-3-12-923066-4

Friedrich Dürrenmatt
Der Besuch der alten Dame
ISBN 978-3-12-923054-1

Georg Büchner
Dantons Tod
ISBN 978-3-12-923073-2

Georg Büchner
Woyzeck
ISBN 978-3-12-923005-3

Friedrich Dürrenmatt
Die Physiker
ISBN 978-3-12-923079-4

Theodor Fontane
Effi Briest
ISBN 978-3-12-923029-9

Max Frisch
Andorra
ISBN 978-3-12-923075-6

Max Frisch
Homo faber
ISBN 978-3-12-923061-9

Johann Wolfgang von Goethe
Faust – Erster Teil
ISBN 978-3-12-923063-3

Johann Wolfgang von Goethe
Iphigenie auf Tauris
ISBN 978-3-12-923062-6

Friedrich Schiller
Don Karlos
ISBN 978-3-12-923044-2

Johann Wolfgang von Goethe
Die Leiden des jungen Werther
ISBN 978-3-12-923006-0

Erich Maria Remarque
Im Westen nichts Neues
ISBN 978-3-12-923087-9

E.T.A. Hoffmann
Der Sandmann
ISBN 978-3-12-923071-8

Franz Kafka
Der Proceß
ISBN 978-3-12-923023-7

Franz Kafka
Die Verwandlung
ISBN 978-3-12-923077-0

Heinrich von Kleist Michael Kohlhaas
ISBN 978-3-12-923024-4

Heinrich von Kleist
Die Marquise von O. / Das Erdbeben in Chili
ISBN 978-3-12-923055-8

Heinrich von Kleist
Prinz Friedrich von Homburg
ISBN 978-3-12-923056-5

Wolfgang Koeppen Tauben im Gras
ISBN 978-3-12-923051-0

Gotthold Ephraim Lessing
Emilia Galotti
ISBN 978-3-12-923074-9

Gotthold Ephraim Lessing
Nathan der Weise
ISBN 978-3-12-923068-8

Liebeslyrik
ISBN 978-3-12-923031-2

Lyrik der Nachkriegszeit 1945 – 1960
ISBN 978-3-12-923013-8

Thomas Mann
Buddenbrooks
ISBN 978-3-12-923058-9

Thomas Mann
Mario und der Zauberer / Tonio Kröger
ISBN 978-3-12-923059-6

Joseph Roth
Hiob
ISBN 978-3-12-923076-3

Neue Sachlichkeit
ISBN 978-3-12-923052-7

Friedrich Schiller
Kabale und Liebe
ISBN 978-3-12-923065-7

Friedrich Schiller
Maria Stuart
ISBN 978-3-12-923078-7

Friedrich Schiller
Die Räuber
ISBN 978-3-12-923026-8

Bernhard Schlink
Der Vorleser
ISBN 978-3-12-923070-1

Peter Stamm
Agnes
ISBN 978-3-12-923072-5

Patrick Süskind
Das Parfum
ISBN 978-3-12-923064-0

Naturlyrik
ISBN 978-3-12-923088-9